CB072012

A COZINHA DE

Olga Borgiovanni

A COZINHA DE *Olga Borgiovanni*

SUMÁRIO

Apresentação.....5

Entradas.....7

Pratos Principais.....31

Doces & Sobremesas.....73

Índice das Receitas.....94

MELHORAMENTOS

Dados Internacionais de Catalogação na Publicação
(CIP)
(Câmara Brasileira do Livro, SP, Brasil)

Bongiovanni, Olga
  A Cozinha de Olga Bongiovanni / Olga
Bongiovanni. – São Paulo :
Editora Melhoramentos, 2003.

  ISBN 85-06-04102-3

  1. Culinária 2. Receitas I. Título

03-2824   CDD-641.5

Índices para catálogo sistemático:

1. Receitas : Culinária
641.5

© 2003 Olga Bongiovanni

© 2003 Editora Melhoramentos Ltda.

Projeto gráfico e Produção editorial:
Clim Comunicação

Atendimento ao consumidor:
Caixa Postal 2547 – CEP 01065-970 – São Paulo
Brasil

Edição: 7 6 5 4 3 2 1

ISBN: 85-06-04102-3

Impresso no Brasil

Impressão e Acabamento: Quebecor World São Paulo

Olga Bongiovanni nasceu na cidade de Capinzal, SC, filha de imigrantes italianos, cuja tradição faz questão de carregar consigo. Apresentadora de televisão há 21 anos, Olga é uma batalhadora e ama tudo o que faz. Desde 1999, comanda o programa *Dia dia*, que vai ao ar todas as manhãs pela rede Bandeirantes de televisão.

OLGA BONGIOVANNI
*foi vestida por Malena Russo
com peças cedidas pelas lojas
GRA e HIT e fotografada na*

SPICY
*Rua Haddock Lobo, 746
3062-8377/3081-7544
www.spicy.com.br*

APRESENTAÇÃO

Sempre gostei de culinária. Quando criança ficava acompanhando minha mãe, minha nona Amábile, tios e tias preparar as refeições, principalmente quando a família se reunia para as comilanças comemorativas. Isso acontecia pelo menos uma vez por ano, quando a nona podia, radiante, ver filhos e netos em volta da grande mesa. Cada um aproveitava para pôr em prática seus conhecimentos de culinária, suas especialidades, montando sempre um cardápio rico e saudável. Como não poderia deixar de ser, os ingredientes frescos eram colhidos na horta da nona, cujo grande colaborador era o nono. A galinha recheada da página 44, por exemplo, era apreciadíssima, permanece minha predileta e é um sucesso garantido lá em casa. No fundo, uma pequena amostra da alegria de reencontrar a família era coroada pela mesa farta e colorida, com mil e um sabores, para contentar a todos.

Este livro acontece num momento muito feliz da minha vida e, para compô-lo, segui essa tendência da tradição gastronômica brasileira: coloquei um pouco de tudo. Há muitos pratos com vegetais, que adoro. As carnes são leves e caprichadas, há pratos brasileiros bem regionais e legítimas heranças da colônia italiana, da qual orgulhosamente eu faço parte. E, claro, há sobremesas, doces, bolos e tortas que vou provando e aos quais vou dando o meu toque pessoal.

Uma novidade que venho incorporando à minha cozinha atualmente é a praticidade das formas Collor Cook, que também fazem parte desse sonho que estou realizando. Tenho experimentado, adaptado e sido muito bem-sucedida nas receitas em que utilizo esse equipamento que combina divinamente com nosso dia-a-dia: são formas práticas, facílimas de lavar e tão bonitas que ficam bem em qualquer mesa, mesmo as de cerimônia. Ao longo do livro, aponto as receitas que podem utilizá-las.

Espero que minhas receitas proporcionem a todos refeições agradáveis e saborosas.

OLGA BONGIOVANNI

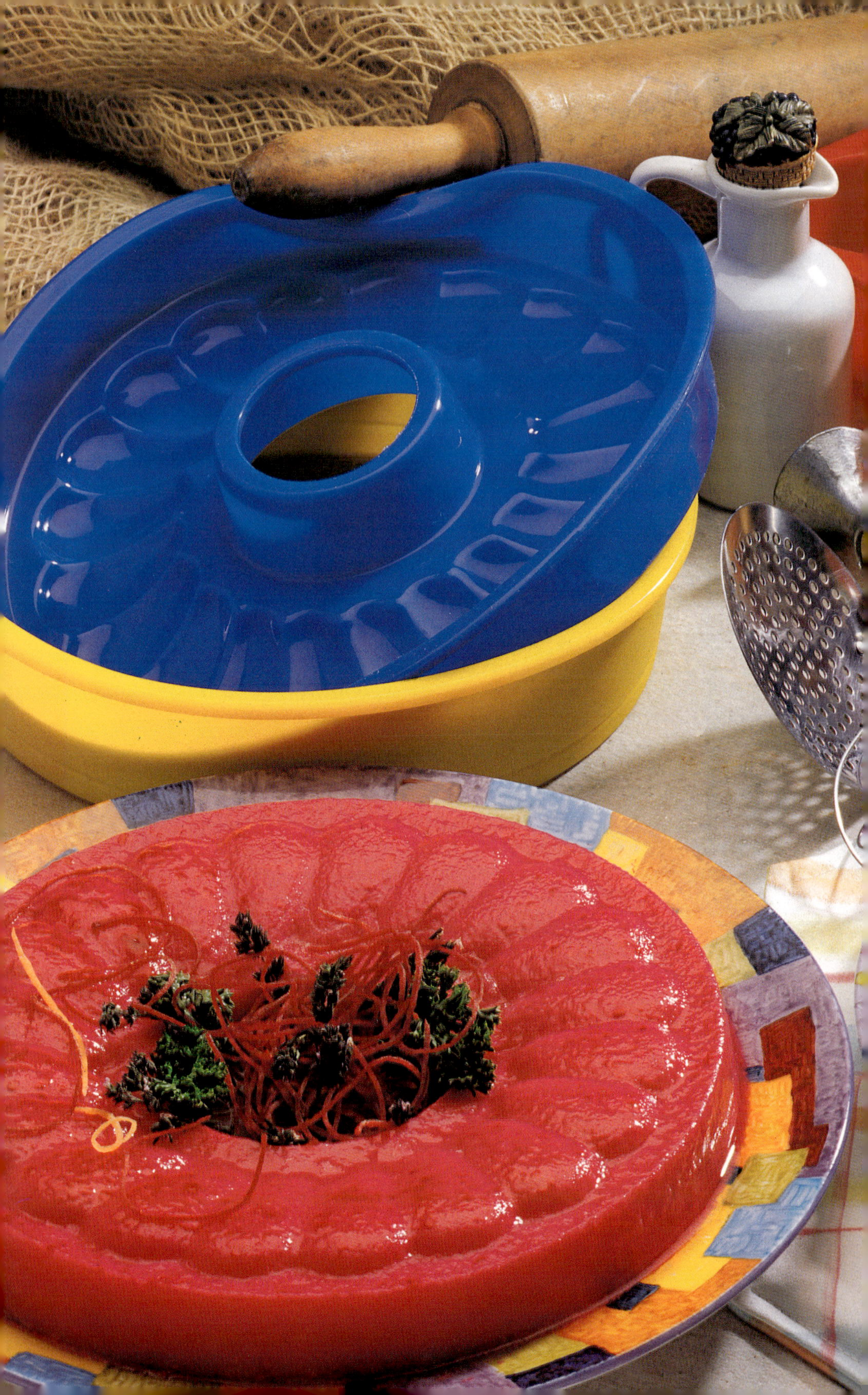

ENTRADAS

Fazer a refeição calmamente, com tira-gostos e entrada antes do prato principal, é quase um luxo em nossos dias, que fica reservado para os fins de semana e ocasiões especiais. Mas os patês, saladas, sopas e tortas são sempre bem-vindos, mesmo que servidos num lanche ou num ajantarado, tão comum em nossos dias, ou como acompanhamento para os pratos principais. Por isso, procurei oferecer neste capítulo receitas bem variadas e versáteis.

ENTRADAS

Para Começar Bem

PATÊ DE REQUEIJÃO E NOZES

Ingredientes

- 1 copo de requeijão
- 1/2 xícara de chá de nozes picadas
- 1 colher de sopa de ketchup
- gotas de suco de limão ou de vinagre
- sal e pimenta-do-reino

Tempo de preparação: 10 min

Modo de fazer: Misture bem todos os ingredientes, coloque na tigelinha de servir e decore com nozes.

PATÊ DE SALSICHA

Ingredientes

- 3 salsichas
- 1 lata de creme de leite
- 1 colher de sopa de molho inglês
- 1 colher de sopa de ketchup
- 1 colher de sopa de mostarda
- sal e pimenta-do-reino
- orégano

Tempo de preparação: 10 min

Modo de fazer: Bata a salsicha com o creme de leite no liquidificador. Junte os temperos, coloque na tigelinha de servir e polvilhe com orégano.

SARDELA

Ingredientes

- 6 pimentões verdes ou vermelhos
- 1/2 xícara de chá de óleo
- 3 dentes de alho amassados
- 2 cebolas picadas
- 1 lata grande (350 g) de sardinha

Tempo de preparação: 20 min

Modo de fazer: Elimine a pele e as sementes dos pimentões e pique-os. Aqueça o óleo numa panela e frite o pimentão junto com o alho e a cebola. Tire do fogo e espere esfriar um pouco. Passe o refogado para o copo do liqüidificador, junte a sardinha e bata bem até ficar cremoso. Empregue em seguida, ou guarde na geladeira.

ENTRADAS

Musse de tomate seco

Ingredientes para 4 pessoas
- 1 envelope de gelatina em pó sem sabor
- 150 g de tomate seco
- 1 xícara de chá de maionese
- 1 xícara de chá de leite
- 1 vidro de requeijão
- sal (opcional)
- óleo para untar

Tempo de preparação: 20 min

Modo de fazer: Dissolva a gelatina em 4 colheres de sopa de água quente. Bata no liquidificador o tomate seco, a maionese, o leite e o requeijão. Adicione a gelatina dissolvida e torne a bater. Prove e, se achar necessário, tempere com sal. Despeje numa forma untada, ou em forminhas individuais, e deixe na geladeira até o dia seguinte. Desenforme e decore a gosto.

Dica da Olga
Para fazer musse de beterraba, substitua o tomate seco por uma beterraba cozida e picada.

ENTRADAS

PATÊ DE BRIE COM GELÉIA DE MORANGO E NOZES

Ingredientes
- 1 queijo Brie
- metades de nozes
- 1 vidro pequeno de geléia de morango

Tempo de preparação: 5 min

Modo de fazer: Pressione as metades de nozes nas laterais do queijo. Depois, coloque o queijo no prato de servir e espalhe a geléia sobre ele. Ao cortar o queijo, cada convidado deve ficar com uma metade de noz e um pouco de geléia.

Dica da Olga
Vario esta entrada usando queijo Camembert ao invés do Brie, que tem sabor semelhante. A geléia pode ser de outra fruta, mas as vermelhas ficam mais bonitas.

CANAPÊS DE FRUTAS EM CALDA

Ingredientes
- fatias finas de queijo Emmental
- metades de cereja ao marasquino
- pedaços de pêssego em calda
- sementes de erva-doce (opcional)

Tempo de preparação: 10 min

Modo de fazer: Recorte as fatias de queijo Emmental em quadrados de 4 ou 5 cm. Coloque sobre os quadradinhos metades de cereja ao marasquino ou pedaços de pêssego em calda, escorridos. Regue com um pouquinho da calda das frutas e, se quiser, polvilhe com sementes de erva-doce.

Dica da Olga
Vario bastante o tipo de queijo e as frutas. Uso, por exemplo, queijo prato, que é firme sem ser duro. Metades de morango e de uvas tipo itália, ou pedaços de manga de polpa firme ficam deliciosos quando combinados com queijo.

ENTRADAS

Tempo de preparação: 1 h

Modo de fazer: Lave as berinjelas e corte-as em cubos, sem descascar. Polvilhe com sal e deixe descansar por 1 hora. Depois disso, escorra o líquido amargo e passe por água corrente. Seque delicadamente num pano de prato limpo, ou com papel-toalha, e frite em bastante óleo, escorrendo bem. Leve ao fogo uma panela com o azeite de oliva e junte o pimentão, a cebola, o alho e o salsão. Deixe fritar por alguns minutos, adicione o tomate e refogue-o até desmanchar. Junte folhinhas de manjericão, 1 colher de sopa de água e refogue mais um pouco. Acrescente o cheiro-verde, as alcaparras e as azeitonas (retire o caroço) e cozinhe por mais 10 minutos. Regue com o vinagre, adicione o açúcar e pimenta-do-reino a gosto. Depois que quase todo o vinagre evaporar, despeje o molho sobre a berinjela frita. Deixe descansar até o dia seguinte para servir.

CAPONATA

Ingredientes para 6 pessoas

- 4 berinjelas médias
- sal e pimenta-do-reino
- óleo para fritar
- 1/4 de xícara de chá de azeite de oliva
- 1 pimentão vermelho picado
- 2 cebolas médias picadas
- 1 dente de alho picado
- 2 talos de salsão picados
- 3 tomates picados, sem pele nem sementes
- manjericão
- 1/2 xícara de chá de cheiro-verde picado
- 1 colher de sopa de alcaparras
- 1/2 xícara de chá de azeitonas verdes
- 1/4 de copo de vinagre
- 1 colher de sopa de açúcar

Dica da Olga

Quando quero ser mais rápida, junto todos os ingredientes numa forma de fundo largo e levo ao microondas. Cozinho por 15 a 20 minutos em potência alta, mexendo por duas ou três vezes. Assim, a receita também fica menos calórica.

ENTRADAS

Musse de presunto

Ingredientes para 6 pessoas
- 4 colheres de sopa de vinagre
- 1 envelope de gelatina em pó sem sabor
- 250 g de presunto cortado em cubinhos
- 1 xícara de chá de salsão picado
- 1 colher de sopa de açúcar
- 1 colher de sopa de cebola picada fino
- 2 colheres de chá de mostarda
- 1/2 xícara de chá de creme de leite

Tempo de preparação:
30 min mais o tempo de geladeira

Modo de fazer: Coloque 4 colheres de sopa de água e o vinagre numa panelinha e adicione a gelatina. Leve ao fogo em banho-maria, até a gelatina dissolver. Retire do fogo e junte o presunto, o salsão, o açúcar, a cebola e a mostarda e misture bem. Bata o creme de leite na batedeira até o ponto de chantili. Acrescente-o à mistura de presunto, mexendo delicadamente. Passe para uma forma untada com óleo e leve à geladeira até ficar firme. Desenforme e decore a gosto.

Terrina de atum

Ingredientes para 4 pessoas
- 2 folhas de gelatina incolor
- 2 colheres de sopa de manteiga
- 1 lata de atum desmanchado
- 1 xícara de chá de ricota amassada
- 2 ovos cozidos e picados
- 1 colher de sopa de suco de limão
- 1/2 xícara de chá de cebolinha-verde picada
- 1 colher de sopa de conhaque
- sal e pimenta-do-reino a gosto
- folhas de alface crespa picada

Tempo de preparação:
20 min mais o tempo de geladeira

Modo de fazer: Amoleça a gelatina com um pouco de água quente e reserve. Bata a manteiga até que fique cremosa e vá adicionando o atum, a ricota, o ovo cozido picado, o suco de limão, a cebolinha-verde, o conhaque e a gelatina dissolvida. Tempere com sal e pimenta-do-reino e misture tudo muito bem. Arrume a massa numa forma untada com óleo (ou em forminhas individuais) e leve à geladeira por, no mínimo, 12 horas. Para servir, desenforme numa travessa rasa forrada com alface picada.

ENTRADAS

CHUTNEY DE MANGA

Ingredientes
- 8 mangas descascadas e cortadas em cubinhos
- 2 xícaras de chá de uva passa branca, sem sementes
- 1 cebola ralada
- 2 xícaras de chá de vinagre branco
- 2 colheres de sopa de açúcar mascavo
- 2 colheres de chá de sal
- 1 colher de sobremesa de curry
- 1 colher de sobremesa de gengibre ralado
- 1 colher de chá de noz-moscada em pó

Tempo de preparação: 1 h

Modo de fazer: Junte todos os ingredientes numa panela, misture bem e leve ao fogo. Quando ferver, abaixe o fogo e deixe apurar, mexendo de vez em quando. Coloque o chutney, ainda quente, em vidros esterilizados e que fechem hermeticamente. Guarde em lugar fresco.

ENTRADAS

Gelatina de tomate

Ingredientes para 4 pessoas
- 1 colher de sopa de gelatina sem sabor
- 4 colheres de sopa de água fervente
- 3 xícaras de chá de suco de tomate
- 3 colheres de sopa de azeite de oliva
- 1 cebola cortada em cubinhos
- 2 dentes de alho
- 1 colher de chá de açúcar
- sal e pimenta-do-reino

Tempo de preparação: 15 min

Modo de fazer: Dissolva a gelatina na água fervente. Bata no liquidificador o suco de tomate, a gelatina dissolvida, o azeite, a cebola, o alho e os temperos. Coloque em forminhas individuais ou taças, e gele até ficar bem firme. Desenforme e enfeite com galhinhos de manjericão.
Sirva com torradas.

Trouxinhas bicolores

Ingredientes para 4 pessoas
- 1 copo de leite
- 1 copo de farinha de trigo
- 1 ovo
- 1 colher de café de fermento em pó
- sal
- 1 pedaço de beterraba cozida
- 1/3 de xícara de chá de espinafre cozido e bem escorrido
- manteiga para fritar
- cebolinhas-verdes (apenas a parte verde) para amarrar as trouxinhas

Para os recheios:
- 1 xícara de chá de ricota fresca
- nozes picadas
- 1 colher de sopa de salsa picada
- sal
- noz-moscada ralada
- 1 xícara de chá de camarão cozido e picado

ENTRADAS

- 1 colher de sopa de manteiga
- pimenta-vermelha picada
- 4 colheres de sopa de creme de leite
- molho inglês
- mostarda

Tempo de preparação: 30 min

Modo de fazer: Para os crepes, junte o leite, a farinha, o ovo, o fermento e uma pitada de sal e bata no liquidificador. Divida a massa em duas partes e bata uma delas com a beterraba e a outra com o espinafre (acrescente-os aos poucos até obter uma coloração bonita). Depois, vá fritando a massa às colheradas numa frigideira untada com manteiga. Vire-os, para que dourem por igual. Reserve. Para um recheio, amasse a ricota com nozes picadas a gosto, a salsa, sal e uma pitada de noz-moscada. Para o segundo recheio, refogue o camarão na manteiga, só até que fique rosado. Adicione pimenta picada a gosto, o creme de leite, sal, molho inglês e mostarda. Para montar o prato, recheie os crepes de espinafre com a mistura de ricota e os de beterraba com o creme de camarão. Faça trouxinhas, amarrando-as com a cebolinha-verde (veja a foto). Sirva-os frios ou quentes. Se for servir quente, aqueça no forno por alguns minutos.

Dica da Olga

Para brincar, às vezes recheio metade dos crepes com um recheio e metade com outro. Assim, a gente nunca sabe qual dos dois recheios vai "sortear".

ENTRADAS

Terrina de Salmão

Ingredientes para 4 pessoas

- 2 folhas de gelatina incolor
- 2 colheres de sopa de manteiga
- 1 lata de salmão (ou atum)
- 1 xícara de chá de ricota amassada
- 2 ovos cozidos e picados
- 1 colher de sopa de suco de limão
- 3 colheres de sopa de salsa picada
- 1 colher de sopa de conhaque
- sal e pimenta-do-reino a gosto

**Tempo de preparação:
20 min mais o tempo de geladeira**

Modo de fazer: Amoleça a gelatina com um pouco de água quente e reserve. Bata a manteiga até que fique cremosa e vá adicionando o salmão (ou o atum), a ricota, o ovo, o suco de limão, a salsa, o conhaque e a gelatina dissolvida. Tempere com sal e pimenta-do-reino e misture. Arrume a massa numa forma untada e leve à geladeira até o dia seguinte. Desenforme e decore a gosto.

Salada tropical

Ingredientes para 6 pessoas

- 1/2 maço de rúcula ou de agrião
- 1/2 pé de alface crespa
- 3 pêssegos em calda escorridos e cortados em lâminas
- uvas tipo itália cortadas em gomos
- 2 kiwis cortados em rodelas
- pedaços de tomate seco (opcional)
- pedaços de mozarela de búfala temperada (opcional)
- 1 cenoura ralada grosso
- 2 colheres de sopa de mostarda
- 1/4 de xícara de chá de suco de limão
- 1/4 de xícara de chá de azeite de oliva
- 2 colheres de chá de sal

Tempo de preparação: 20 min

Modo de fazer: Lave e seque as verduras. Disponha-as numa saladeira de fundo largo, alternando-as. Depois, faça o mesmo com as frutas já preparadas. Acrescente tomate seco e mozarela de búfala (se for usá-los). Espalhe a cenoura por cima. Para o

ENTRADAS

tempero, dilua a mostarda no suco de limão, junte o azeite e o sal e regue a salada. Sirva em seguida.

> **Dica da Olga**
> Quando é possível, preparo essa salada com antecedência, cubro-a com filme plástico e coloco na geladeira, deixando para temperar na hora de servir.

SALADA WALDORF LIGHT

Ingredientes para 6 pessoas
- 3 maçãs
- 2 colheres de sopa de suco de limão
- 1/2 xícara de chá de nozes picadas
- 1 pé de salsão picado
- 1 copo de iogurte natural desnatado
- 5 colheres de sopa de maionese light
- sal e pimenta-do-reino (opcional)

Tempo de preparação: 10 min

Modo de fazer: Retire o miolo das maçãs e corte-as em fatias, sem descascar. Respingue imediatamente com o suco de limão para evitar que escureça. Adicione as nozes, o salsão e misture. À parte, junte o iogurte e a maionese, tempere com uma pitada de sal e de pimenta-do-reino (se for usá-los) e mexa bem. Acrescente esse molho aos ingredientes já preparados e misture. Transfira tudo para uma saladeira e deixe na geladeira até o momento de servir.

ENTRADAS

SALADA NA MORANGA

Ingredientes para 4 pessoas
- 1 moranga
- sal e pimenta-do-reino
- 2 batatas cortadas em cubinhos
- 1 cenoura cortada em cubinhos
- 1 xícara de chá de vagem picada
- 1/2 xícara de chá de azeitona picada
- 2 talos de salsão picados
- frango cozido ou assado picado (use sobras)
- 1 cebola picada
- 1/2 xícara de chá de cheiro-verde picado
- suco de limão
- 1 xícara de chá de maionese

Tempo de preparação: 30 min

Modo de fazer: Corte uma tampa da moranga, elimine as sementes e retire parte da polpa. Corte a polpa em cubinhos e cozinhe-os numa panela com água e sal. Cozinhe a batata e a cenoura do mesmo modo, junto com a vagem. Escorra os ingredientes e junte-os numa tigela. Adicione a azeitona, o salsão, o frango, a cebola, o cheiro-verde e tempere com mais sal, pimenta-do-reino e suco de limão. Adicione a maionese e misture. Arrume tudo na moranga e decore a gosto.

Dica da Olga
Para variar, uso frango defumado, ao invés de sobras de frango.

ENTRADAS

SALADA COLORIDA

Ingredientes para 4 pessoas
- 1 pimentão verde
- 1 pimentão vermelho
- 1 pimentão amarelo
- 1 pacote de brotos de feijão
- 5 talos de cebolinha-verde picados
- 2 colheres de sopa de sementes de gergelim
- 4 colheres de sopa de óleo ou de azeite de oliva
- 1 colher de sopa de shoyu (molho de soja)
- 2 colheres de sopa de suco de limão
- 2 dentes de alho bem amassados

Tempo de preparação: 20 min

Modo de fazer: Elimine as sementes dos pimentões e corte-os em tiras. Coloque o broto de feijão numa peneira e escalde com água fervente. Passe em água fria e escorra bem. Misture esses ingredientes e a cebolinha-verde picada numa saladeira grande e espalhe por cima as sementes de gergelim. Para fazer o tempero, misture o óleo (ou o azeite), o shoyu, o suco de limão e o alho num recipiente, feche e sacuda bem. Regue a salada com o molho e sirva, acompanhando carne assada ou frango.

ENTRADAS

Modo de fazer: Junte a alface, o tomate, a vagem e a cebolinha-verde numa saladeira grande e mexa. Misture o vinagre e o azeite e tempere a salada com metade desse molho. Limpe as sardinhas, corte-as em lascas grandes e arrume-as sobre a salada. Faça o mesmo com filés de enchova. Espalhe as azeitonas por cima e decore com os ovos cozidos cortados em gomos. Regue com o restante do molho e sirva.

SALADA FRANCESA

Ingredientes para 4 pessoas
- 1 pé de alface cortado em tirinhas
- 2 tomates-caqui cortados em rodelas
- 1 xícara de chá de vagem, cozida e picada
- 1 xícara de chá de cebolinha-verde picada
- 3 colheres de sopa de vinagre
- 1 colher de sopa de azeite de oliva
- 1 lata de sardinha
- filés de enchova escorridos
- 1/2 xícara de chá de azeitonas pretas sem caroço
- 4 ovos cozidos

Tempo de preparação: 40 min

SALADA DE LAGOSTA COM MOLHO ROSADO

Ingredientes para 4 pessoas
- 3 ou 4 lagostas
- sal
- 2 colheres de chá de suco de limão
- folhas de alface
- 2 ovos cozidos, cortados em rodelas
- 1 pepino cortado em rodelas
- tomates-cereja cortados ao meio
- azeitonas recheadas para guarnecer

Molho rosado:
- 1 xícara de chá de maionese
- 3 colheres de sopa de ketchup
- 2 colheres de chá de molho inglês
- 1 colher de sopa de vinagre de vinho tinto
- 2 colheres de sopa de cebolinha-verde picada
- sal e pimenta-do-reino

ENTRADAS

Tempo de preparação: 40 min

Modo de fazer: Cozinhe as lagostas numa panela grande com água e sal por 20 minutos. Escorra, elimine a casca e deixe esfiar. Corte a carne em pedaços, tempere com o suco de limão e leve à geladeira por 30 minutos, para tomar gosto. Misture todos os ingredientes do molho rosado e coloque numa molheira. Para servir, forre uma saladeira com folhas de alface rasgadas ao meio e arrume a lagosta por cima. Distribua as rodelas de ovo e de pepino e decore com metades de tomatinho e azeitonas a gosto. Sirva o molho à parte, para que cada um acrescente a seu gosto.

Dica da Olga
Quando quero variar, substituo a carne de lagosta por carne de caranguejo ou de siri. Atum de lata desmanchado também dá um ótimo resultado e, além disso, fica muitíssimo mais econômico.

ENTRADAS

por mais alguns minutos, para engrossar um pouco a sopa e deixá-la mais saborosa. Sirva bem quente, decorando com cebolinha-verde (se for usá-la) e acompanhando com torradas.

SOPA DE ABÓBORA

Ingredientes para 4 pessoas
- 1 kg de abóbora
- sal
- 1 colher de sopa de manteiga
- 1 cebola grande ralada
- 3 xícaras de chá de leite
- pimenta-do-reino
- noz-moscada ralada
- cebolinha verde cortada em rodelinhas (opcional)

Tempo de preparação: 45 min

Modo de fazer: Descasque a abóbora e elimine as sementes. Corte a polpa em pedaços, coloque numa panela e cubra com água temperada com sal. Tampe a panela e leve-a ao fogo. Deixe cozinhar até que a abóbora fique bem tenra. Escorra, amasse com um garfo e reserve. Numa outra panela, derreta a manteiga e refogue a cebola, sem deixar dourar. Acrescente o purê de abóbora e o leite. Polvilhe com pimenta-do-reino e noz-moscada a gosto e prove. Se necessário, acrescente mais uma pitada de sal. Deixe cozinhar

SOPA PAVESA

Ingredientes para 4 pessoas
- 1 litro de caldo de carne ou galinha (caseiro ou preparado com tabletes)
- 4 fatias de pão amanhecido (de preferência, do tipo italiano)
- 4 ovos
- queijo parmesão ralado
- pimenta-do-reino (opcional)

Tempo de preparação: 30 min

Modo de fazer: Leve o caldo ao fogo. Enquanto isso, coloque uma fatia de pão no fundo de cada prato e, com

ENTRADAS

todo o cuidado, quebre um ovo por cima. Quando o caldo estiver fervendo, vá derramando-o sobre o ovo com uma concha, bem devagar para que o calor cozinhe o ovo. Então, polvilhe-os fartamente com queijo ralado e pimenta-do-reino (opcional). Sirva imediatamente.

SOPA DE LEGUMES À JULIANA

Ingredientes para 4 pessoas
- 1 cebola
- 1 cenoura pequena
- 6 vagens
- 1 batata
- 1/2 nabo
- 4 folhas de acelga
- 1 chuchu pequeno
- 1 litro de caldo de carne ou de galinha
- 1/2 xícara de chá de macarrão para sopa
- sal
- queijo parmesão ralado

Tempo de preparação: 1 h

Modo de fazer: Limpe os vegetais e corte-os em tirinhas bem finas. Leve o caldo ao fogo numa panela grande e, quando ferver, junte os ingredientes preparados. Deixe cozinhar até que os legumes estejam quase cozidos (sem desmanchar) e acrescente o macarrãozinho. Depois de alguns minutos prove e, se necessário, junte mais sal. Mantenha no fogo o tempo suficiente para o macarrão ficar cozido e o caldo, saboroso. Sirva em seguida, polvilhando com bastante queijo ralado.

> **Dica da Olga**
> Enriqueço essa sopa servindo-a com cubinhos de pão torrado, bem quentinhos, regados com azeite de oliva e polvilhados com orégano. Fica uma delícia.

ENTRADAS

SOPA PRIMAVERA

Ingredientes para 4 pessoas
- 1 litro de caldo de carne (ou outro de sua preferência)
- 1 cenoura grande
- 1 batata-doce pequena
- 1 xícara de chá de brócoles separados em buquês pequenos
- 1/2 xícara de chá de ervilha em conserva escorrida
- 1/2 lata de milho verde escorrido
- 3 colheres de sopa de cheiro-verde picado
- sal a gosto

Tempo de preparação: 45 min

Modo de fazer: Aqueça o caldo numa panela. Rale grosso a cenoura e a batata-doce, coloque na panela e deixe cozinhar por alguns minutos. Acrescente os brócoles. Quando estiverem macios, junte a ervilha e o milho. Adicione o cheiro-verde e prove o sal. Sirva em seguida, com pão fresco.

Dica da Olga
Esta é uma sopa colorida e bem leve, que agrada mais ainda a quem está cortando calorias da alimentação. Para incrementá-la, eu adiciono cubinhos de queijo.

ENTRADAS

Caldo verde

Ingredientes para 4 pessoas

- 3 colheres de sopa de azeite de oliva
- 1/2 cebola pequena picada
- 2 dentes de alho
- 4 batatas descascadas, inteiras
- 1 lingüiça portuguesa (ou 2 paios) cortada em rodelas
- sal e pimenta-do-reino a gosto
- folhas de couve

Tempo de preparação: 40 min

Modo de fazer: Aqueça o azeite e refogue a cebola e o alho. Adicione as batatas e a lingüiça (ou os paios) e cubra com água. Tampe e cozinhe até que a batata esteja macia. Então, retire-as da panela, passe-as pelo espremedor e retorne o purê à panela. Prove e tempere com sal e pimenta-do-reino. Pique a couve em tirinhas finas e junte à sopa. Se necessário, adicione água. Cozinhe mais um pouco, só para murchar a couve e sirva, com pão fresco e regada com mais azeite.

Dica da Olga
Como acho muito chato quando a couve fica caindo pelas borda da colher, corto-a (sem os talos) em tirinhas e depois bato com a faca no sentido contrário, para picar bem. Desse modo, fica mais fácil tomar a sopa.

ENTRADAS

Torta colorida de vegetais

Ingredientes para 4 pessoas
- 2/3 de xícara de chá de gordura vegetal hidrogenada
- 2 xícaras de chá de farinha de trigo
- 1 colher de chá de fermento em pó
- sal

Para o recheio:
- 1/2 litro de leite
- 2 colheres de sopa de farinha de trigo
- 1 pitada de sal
- 1 xícara de chá de couve-flor cozida
- 1 xícara de chá de brócoles cozidos
- 1/2 lata de milho verde escorrido
- 1 xícara de chá de cenoura cozida, cortada em cubinhos
- 1 gema para pincelar

Tempo de preparação: 1 h

Modo de fazer: Misture a gordura com a farinha de trigo, o fermento e sal a gosto e trabalhe até obter uma massa homogênea. Faça uma bola com a massa, cubra-a e deixe descansar na geladeira por 30 minutos. Para o recheio, misture o leite com a farinha de trigo e uma pitada de sal numa panela e leve ao fogo. Cozinhe, sem parar de mexer, até engrossar um pouco. Separe um punhado de vegetais para decorar e adicione o restante ao creme, mexendo delicadamente. Retire do fogo. Preaqueça o forno. Abra a massa com o rolo, reserve uma parte para fazer as tiras e, com o restante, forre o fundo e as laterais de uma forma refratária. Recheie com o creme de vegetais. Recorte a massa reservada em tiras finas e estenda-as sobre o recheio em forma de grade. Pincele a superfície com a gema. Leve ao forno quente para assar por uns 30 minutos, quando a massa deverá estar dourada. Decore com os vegetais reservados e deixe descansar um pouco, antes de desenformar e servir.

ENTRADAS

TORTA MINEIRA

Tempo de preparação: 1 h

Ingredientes para 4 pessoas
- 3 xícaras de chá de farinha de trigo
- 1 colher de sopa de fermento em pó
- 1 tablete (100 g) de margarina
- sal
- 2 gemas
- leite

Para o recheio:
- 300 g de queijo-de-minas picado
- 1/2 xícara de chá de azeitona preta picada
- 2 ovos mais 2 claras batidos
- sal
- 1 lata de creme de leite
- 100 g de bacon fatiado

Modo de fazer: Preaqueça o forno. Misture a farinha com o fermento numa tigela, abra uma cova no centro e junte a margarina e uma pitada de sal. Vá adicionando as gemas e pingando leite enquanto amassa com um garfo até que a massa se desprenda do fundo da tigela. Trabalhe-a levemente e forre com ela uma forma refratária untada. Misture o queijo com a azeitona, os ovos e as claras batidos, sal e o creme de leite. Coloque o recheio sobre a massa e arrume as fatias de bacon por cima em forma de grade. Leve ao forno aquecido e asse até que a massa doure e o bacon fique tostado.

ENTRADAS

TORTA CATALÃ

Ingredientes para 4 pessoas
- 2 xícaras de chá de farinha de trigo
- 1 colher de café de sal
- 1 tablete (100 g) de margarina
- 1 gema
- 1 colher de sopa de água gelada

Para o recheio:
- 4 tomates maduros, cortados em fatias finas
- 2 abobrinhas tenras, com casca, cortadas em rodelas finas
- sal e pimenta-do-reino
- 3 dentes de alho picados fino
- ervas aromáticas (cebolinha-verde, manjericão, salsa) picadas
- azeite de oliva

Tempo de preparação: 1 h 30 min

Modo de fazer: Numa tigela, misture a farinha de trigo, o sal e a margarina cortada em pedacinhos. Amasse com os dedos até esfarelar. Junte a gema e a água gelada e misture bem. Faça uma bola com a massa, coloque numa tigela, cubra e leve à geladeira por 30 minutos. Preaqueça o forno. Abra a massa e forre com ela o fundo e os lados de uma forma. Faça alguns furos na massa com um garfo para não formar bolhas, leve ao forno e asse a massa por 8 minutos. Retire do forno e recheie a torta: alterne camadas de tomate e abobrinha polvilhadas com sal, pimenta-do-reino, alho e ervas picadas. Regue com azeite e leve de volta ao forno por aproximadamente 30 minutos. Deixe esfriar um pouco, antes de desenformar e servir.

ENTRADAS

Torta de espinafre

Ingredientes para 4 pessoas
- 2/3 de xícara de chá de gordura vegetal hidrogenada
- 2 xícaras de chá de farinha de trigo
- 1 colher de sopa de queijo parmesão ralado
- 1 colher de chá de fermento em pó
- sal a gosto

Para o recheio:
- 2 cebolas médias picadas fino
- 3 colheres de sopa de óleo
- 1/2 xícara de chá de cebolinha-verde picada
- 2 xícaras de chá de espinafre cozido, bem espremido e picado
- sal
- 2 ovos
- 2 xícaras de chá de queijo branco ralado grosso
- 1 gema para pincelar

Tempo de preparação: 1 h 30 min

Modo de fazer: Misture a gordura com a farinha de trigo, o queijo parmesão ralado, o fermento e uma pitada de sal e trabalhe até obter uma massa homogênea. Faça uma bola com a massa, cubra-a e deixe descansar na geladeira por 30 minutos. Para o recheio, refogue a cebola no óleo, depois junte a cebolinha-verde, o espinafre e sal. Deixe esfriar. Bata os ovos junto com o queijo e adicione ao refogado. Preaqueça o forno. Divida a massa em duas partes, sendo uma um pouco maior que a outra. Abra a massa maior e forre com ela o fundo e os lados de uma forma. Recheie com o refogado de espinafre. Abra a massa restante e cubra a torta. Bata a gema e pincele a torta. Leve ao forno para assar por uns 30 minutos, até que esteja dourada e crocante.

Dica da Olga
Querendo variar, substitua o recheio por refogado de escarola, mas deixe que escorra bem antes de utilizar.

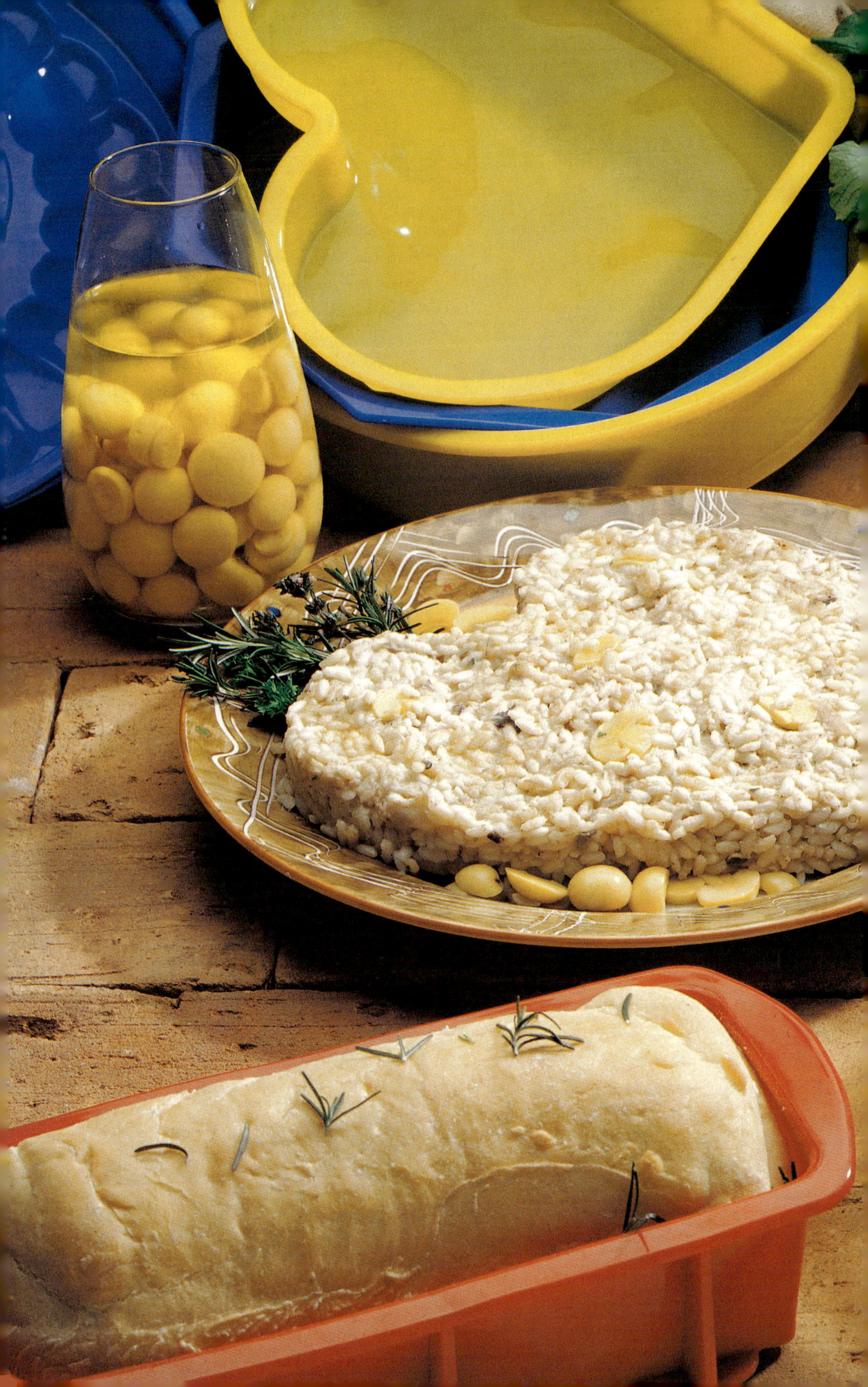

PRATOS PRINCIPAIS

Para o brasileiro, prato principal é sinônimo de carne, um traço da fartura que marca nossas tradições. Por isso, escolhi carnes para todos os gostos. Há receitas com carne bovina, suína, de frango e peixe, em preparos bem variados. Incluí também algumas tortas substanciosas que, acompanhadas por uma boa salada, tornam-se uma refeição completa. As massas, que adoro, também estão neste capítulo.

PRATOS PRINCIPAIS
Para Todos os Gostos

MEDALHÕES REQUINTADOS

Ingredientes para 4 pessoas
- 4 bifes grossos de filé mignon
- sal e pimenta-do-reino
- 4 fatias de bacon
- manteiga para fritar
- 1 xícara de chá de cogumelo cortado em fatias
- 1 cálice de vinho Madeira
- 1 colher de sopa de farinha de trigo

Tempo de preparação: 40 a 50 min

Modo de fazer: Tempere os bifes com sal e pimenta-do-reino. Contorne-os com as fatias de bacon e prenda com palitos. Derreta um pouco de manteiga numa frigideira e frite os medalhões, virando-os para que dourem por igual. Retire-os e, na mesma gordura, refogue o cogumelo. Adicione o vinho, polvilhe com a farinha e mexa. Retorne os medalhões e cozinhe por mais alguns minutos. Passe-os para uma travessa e espalhe um pouco de molho sobre cada um. Sirva com arroz branco ou vegetais.

PRATOS PRINCIPAIS

ESCALOPES À ROMANA

Ingredientes para 4 pessoas
- 8 bifes pequenos de vitela
- sal e pimenta-do-reino
- 8 fatias finas de presunto
- 8 folhas de sálvia
- 2 colheres de sopa de manteiga
- 2 colheres de sopa de vinho Marsala ou branco seco

Tempo de preparação: 40 min

Modo de fazer: Bata os escalopes com o martelo de carne para afiná-los e tempere com sal e pimenta-do-reino. Coloque sobre cada escalope 1 fatia de presunto e 1 folha de sálvia. Enrole e prenda com um palito. Derreta a manteiga em uma panela de fundo largo e arrume os escalopes, sem sobrepô-los. Leve ao fogo brando e frite até que comecem a dourar. Regue com o vinho, espere evaporar e passe para um prato. Adicione 2 colheres de sopa de água à panela, deixe ferver e regue os escalopes. Sirva em seguida, com arroz branco ou batatas coradas.

PRATOS PRINCIPAIS

Costeleta de cordeiro ao vinho

Ingredientes para 4 pessoas
- 8 costeletas de cordeiro
- sal e pimenta-do-reino
- 4 ramos de alecrim fresco
- 3 colheres de sopa de manteiga
- azeite de oliva
- 2 dentes de alho picados
- 1 xícara de chá de vinho branco
- cerca de 2 xícaras de chá de caldo de carne

Tempo de preparação: 50 min

Modo de fazer: Tempere as costeletas com sal, pimenta-do-reino e o alecrim. Aqueça a manteiga e um pouco de azeite numa frigideira. Frite as costeletas de ambos os lados e reserve-as em lugar aquecido. Na mesma frigideira, aqueça azeite e doure o alho. Junte o vinho e o caldo e ferva. Retorne as costeletas à frigideira e deixe reduzir um pouco o molho. Arrume as costeletas numa travessa, regue com o molho e enfeite com ramos de alecrim. Sirva em seguida.

Matambre enrolado

Ingredientes para 5 pessoas
- 1 matambre de 1 kg
- sal e pimenta-do-reino a gosto
- 1 dente de alho picado
- 1 cebola picada
- 3 colheres de sopa de vinagre
- 3 colheres de sopa de óleo
- caldo de carne

Para o recheio:
- 50 g de bacon
- 2 cebolas
- 2 cenouras pequenas
- 1 paio ou lingüiça defumada
- azeitonas picadas
- sal e pimenta-do-reino
- 2 colheres de sopa de vinagre

Tempo de preparação: 1 h 30 min mais o tempo de descanso

Modo de fazer: De véspera, abra o matambre até obter um bife grande, de espessura uniforme. Esfregue-o com sal e pimenta-do-reino, alho e cebola. Borrife-o com o vinagre e deixe descansar. De vez em quando, vire a carne, para que o tempero penetre por igual. No dia seguinte, prepare o recheio. Corte o bacon em pedacinhos e as cebolas em rodelas grossas. Raspe as cenouras e corte-as em palitos. Elimine a pele do paio (ou da lingüiça) e corte em rodelas. Junte todos os ingredientes do recheio e tempere com

PRATOS PRINCIPAIS

sal, pimenta-do-reino e o vinagre, misturando bem. Estenda o matambre e espalhe o recheio por cima, deixando as bordas livres. Depois, enrole-o, prendendo a ponta com palitos. Se quiser, envolva-o com uma linha grossa ou barbante, para evitar que o recheio escape. Em seguida, aqueça o óleo na panela de pressão e frite a carne, virando-a com cuidado, para que doure por igual. Acrescente caldo suficiente para cobrir a carne, tampe a panela e cozinhe, mantendo o fogo baixo, por 1 hora. Retire do fogo, deixe a panela esfriar um pouco e abra-a, para verificar o ponto de cozimento. Se a carne ainda não estiver macia, leve-a de volta ao fogo, acrescentando mais caldo ou água sempre que necessário. Quando atingir o ponto desejado, retire a carne da panela e deixe esfriar. Elimine os palitos (ou o fio usado) e corte o enrolado em fatias. Arrume as fatias numa forma refratária e leve ao forno quente por alguns minutos, apenas para que ganhem um crosta levemente dourada. Sirva em seguida.

Dica da Olga
O matambre recobre as costelas. Por ser a primeira carne encontrada quando se desossa o boi, os peões a chamaram de "mata hambre", uma expressão castelhana que quer dizer mata fome.

PRATOS PRINCIPAIS

BAIÃO-DE-DOIS COM CARNE-SECA

Ingredientes para 4 pessoas
- 1 xícara de chá de feijão-de-corda
- 250 g de carne-seca cortada em cubinhos
- 100 g de toucinho
- 2 cebolas picadas
- 2 dentes de alho amassados
- 3 tomates, sem pele nem sementes, cortados em cubinhos
- 1 1/2 xícara de chá de cheiro-verde picado
- sal e pimenta-do-reino
- 1 xícara de chá de arroz, lavado e escorrido
- 1 xícara de chá de queijo de coalho fresco, cortado em cubinhos

Tempo de preparação: 2 h

Modo de fazer: Leve o feijão-de-corda ao fogo numa panela com água. Quando ferver, acrescente os cubinhos de carne-seca e deixe cozinhar até o feijão ficar macio. Pique o toucinho e frite em sua própria gordura. Retire o toucinho da frigideira e reserve. Na mesma gordura, refogue a cebola e o alho. Acrescente o tomate e o cheiro-verde. Tempere com sal e pimenta-do-reino e refogue mais um pouco. Despeje esse refogado na panela do feijão, acrescente o arroz e água suficiente para cozinhá-lo. Cozinhe em fogo baixo, com a panela tampada. Preaqueça o forno. Quando o arroz estiver quase pronto, passe tudo para uma forma refratária, coloque por cima os pedacinhos de toucinho fritos e o queijo de coalho e leve ao forno para derreter o queijo e gratinar a superfície. Sirva em seguida.

Dica da Olga

Em todo o Nordeste, essa receita leva coentro, que eu substituo por cheiro-verde, tempero que prefiro.

PRATOS PRINCIPAIS

CARNE-SECA COM BANANA-DA-TERRA

Ingredientes para 6 pessoas
- 2 kg de carne-seca
- 6 colheres de sopa de óleo
- 4 cebolas cortadas em rodelas
- sal e pimenta-do-reino
- 8 bananas-da-terra cortadas em rodelas

Tempo de preparação: 2 h

Modo de fazer: Limpe e escalde a carne-seca. Escorra-a e pique em pedacinhos. Aqueça o óleo numa panela e frite a carne. Junte a cebola e refogue bem até ficar dourada. Tempere com sal e pimenta-do-reino, misture bem e adicione água até cobrir a carne. Tampe e cozinhe até que a carne-seca esteja macia e o caldo saboroso. Preaqueça o forno. Passe a carne e o molho para uma forma e cubra com as rodelas de banana. Leve ao forno e deixe até a banana dourar. Sirva a seguir.

Dica da Olga
A receita original leva banha de porco ao invés de óleo, mas eu prefiro uma opção mais light.

Rosbife apimentado

Ingredientes para 8 porções
- 1 1/2 kg de filé mignon ou lagarto
- 3 colheres de sopa de pimenta do reino em grão, esmagada
- 6 colheres de sopa de molho de raiz-forte
- 1 colher de sopa de farinha de trigo
- sal e pimenta-do-reino moída na hora

Tempo de preparação: 1 h 40 min

Modo de fazer: Preaqueça o forno. Retire o excesso de gordura da peça de carne e seque-a. Misture a pimenta esmagada com o molho de raiz-forte até obter uma pasta. Esfregue a carne com essa pasta e coloque-a sobre uma grade apoiada numa assadeira. Cubra com papel-alumínio e leve ao forno. Se quiser o rosbife malpassado, deixe por 15 minutos para cada 1/2 kg, mais 15 minutos no final; para carne ao ponto, aumente cada tempo para 20 minutos e para carne bem-passada, calcule 25 minutos para cada 1/2 kg, mais 25 minutos no final. Retire o rosbife do forno, passe-o para uma travessa aquecida, cubra e deixe descansar por 10 minutos antes de cortá-lo em fatias. Para o molho, misture a farinha de trigo com água até formar uma pasta. Elimine o excesso de gordura do suco que se desprendeu da carne durante o cozimento e adicione a farinha de trigo dissolvida. Tempere com sal e pimenta-do-reino. Deixe cozinhar por alguns minutos. Sirva o rosbife com batata ou legumes cozidos e com o molho do cozimento engrossado.

PRATOS PRINCIPAIS

BIFE DE FORNO COM OVO FRITO

Ingredientes para 4 pessoas
- 4 bifes de alcatra ou contrafilé
- 3 dentes de alho
- sal e pimenta-do-reino
- óleo para fritar
- 1 xícara de chá de molho de tomate
- 50 g de queijo parmesão ralado
- 100 g de queijo prato ou mozarela em fatias
- 4 ovos

Tempo de preparação: 25 min

Modo de fazer: Amacie os bifes, tempere com alho, sal e pimenta-do-reino e frite numa frigideira com um pouco de óleo. Arrume-os numa forma refratária, numa só camada. Preaqueça o forno. Cubra os bifes com o molho de tomate e polvilhe o queijo ralado. Coloque fatias de queijo sobre os bifes. Frite os ovos e coloque um ovo frito sobre cada bife. Leve ao forno médio até aquecer bem e derreter o queijo. Sirva em seguida, acompanhado de arroz branco ou pão fresco.

> *Dica da Olga*
> Geralmente uso molho pronto, mas quando tenho mais tempo preparo molho de tomate fresco. Cozinho-o apenas até desmanchar o tomate e adiciono algumas folhas de manjericão.

PRATOS PRINCIPAIS

Ossobuco à milanesa

Ingredientes para 4 pessoas
- 4 colheres de sopa de manteiga ou margarina
- 4 ossobucos
- farinha de trigo
- sal e pimenta-do-reino
- alecrim
- 1 cebola média, picada
- 1 dente de alho, picado
- 1 talo de salsão (só a parte branca) picado
- 2 xícaras de chá de vinho branco seco
- 1/2 xícara de chá de molho de tomate
- gua ou caldo de carne

Tempo de preparação: 2 h 30 min

Modo de fazer: Derreta a manteiga (ou margarina) numa frigideira de fundo largo. Passe os ossobucos num prato com farinha de trigo e frite-os, virando-os para que dourem por igual. Tempere com sal, pimenta-do-reino e alecrim. Junte a cebola, o alho e o salsão. Cozinhe por 5 minutos, adicione o vinho e espere evaporar. Adicione o molho de tomate, tampe e deixe cozinhar por cerca de 2 horas em fogo brando. Se necessário, pingue água ou caldo de carne quentes. Sirva com arroz e o molho do cozimento.

PRATOS PRINCIPAIS

TORTA COBERTA DE CARNE

Ingredientes para 4 pessoas
- 3 xícaras de chá de farinha de trigo
- 1 pitada de sal
- 1 colher de sopa de fermento em pó
- 1 xícara de chá de maisena
- 1/2 xícara de chá de leite
- 1 ovo
- 1 pacote (100 g) de margarina

Para o recheio:
- 4 colheres de sopa de manteiga
- 1/2 kg de carne moída
- 1 cebola picada
- 2 dentes de alho picados
- 1 tomate picado, sem pele nem sementes
- cheiro-verde picado
- sal
- 1/2 xícara de chá de azeitona picada
- 1 gema para pincelar

Tempo de preparação: 1 h 20 min

Modo de fazer: Misture todos os ingredientes secos numa tigela. Abra uma cova no centro e junte aí o leite, o ovo e a margarina. Misture com os dedos e depois amasse até obter uma massa homogênea. Prepare o recheio: derreta a manteiga e refogue a carne até que comece a secar. Adicione a cebola, o alho e o tomate e refogue mais um pouco. Junte cheiro-verde, sal e a azeitona, misture e retire do fogo. Preaqueça o forno. Divida a massa em duas partes, sendo uma um pouco maior. Abra a massa maior e forre o fundo e os lados de uma forma de aro desmontável untada. Recheie com o refogado de carne. Abra a outra parte da massa e cubra a torta. Perfure-a com um garfo em vários lugares para que o vapor saia durante o cozimento. Pincele com a gema e asse durante uns 40 minutos, quando a massa deverá estar dourada e crocante. Deixe esfriar por alguns minutos e desenforme. Sirva em seguida, acompanhada de salada verde.

Dica da Olga
Frango assado ou cozido desfiado é uma boa variação para rechear esta torta. Sobras de carne assada também. O sabor pode ser enriquecido com ervas aromáticas ou pimentão picado (refogue-o junto com a carne).

Preferidíssimas da Olga

Neste capítulo reuni minhas campeãs pessoais. São os pratos que mais agradam, tanto a mim quanto aos meus convidados. Há receitas para a hora da refeição e quitutes para beliscar ou saborear no meio da tarde. Experimentem!

Esta receita tem história. Eu a provei na casa da Roberta Miranda, num jantar muito especial. Nessa ocasião eu conheci a Alessandra, filha do Ronnie Von, que também se tornou minha amiga.

ENTRADA DE PINHÃO

Ingredientes para 4 a 6 pessoas

- 1 colher de sopa de azeite de oliva
- 6 dentes de alho amassados
- 1 colher de sobremesa de gengibre fresco ralado
- 1 kg de pinhão, cozido e descascado
- 1 xícara de chá de saquê
- 1/2 xícara de chá de shoyu (molho de soja)
- 1 colher de chá de óleo de gergelim
- sal
- 2 colheres de sopa de cheiro-verde picado fino

Tempo de preparação: 20 min

Modo de fazer: Aqueça o azeite e refogue o alho, o gengibre ralado e o pinhão. Quando o alho dourar, adicione o saquê e deixe ferver em fogo baixo. Depois, junte o shoyu e o óleo de gergelim e tempere com sal a gosto. Acrescente o cheiro-verde picado, misture levemente e tire do fogo. Sirva esta entrada morna.

Dica da Olga

Para preparar chips deliciosos e bastante diferentes, descasque pinhões, corte-os em lâminas e frite em óleo bem quente. Retire com uma escumadeira, escorrendo bem, e tempere com sal. Sirva em seguida.

PREFERIDÍSSIMAS DA OLGA

Agnoline especial

Ingredientes para 4 pessoas
- 3 ovos
- 2 colheres de sopa de azeite de oliva
- farinha de trigo

Para o recheio:
- 1 peito de frango
- sal
- 1 cebola picada
- cheiro-verde
- noz-moscada ralada
- 1 xícara de chá de queijo parmesão ralado

Tempo de preparação: 1 h

Modo de fazer: Para o recheio, cozinhe o peito de frango em uma panela com água temperada com sal, a cebola e cheiro-verde. Quando o frango estiver macio, escorra e moa, ou passe pelo processador. Adicione noz-moscada e o queijo ralado. Se quiser, misture também um pouco de cheiro-verde picadinho, e reserve. Para a massa, junte os ovos e o azeite numa tigela e vá adicionando farinha e misturando até obter uma massa com consistência para enrolar. Faça uma bola com ela e cubra-a com um guardanapo úmido, para que não resseque. Depois, separe porções de massa e vá abrindo-as sobre uma superfície enfarinhada. Leve ao fogo uma panela com água temperada com sal. Recorte a massa em retângulos. Recheie-os com a mistura reservada e dobre-os, obtendo um quadradinho. Aperte bem nas bordas para evitar que o recheio escape. Cozinhe-os na água fervente, escorra e passe para uma travessa. Sirva com o molho preferido.

Dica da Olga

Essa massa também é servida *in brodo*, no caldo, como dizem os italianos. Neste caso, os agnolini são feitos menorzinhos e cozidos em caldo de galinha. São servidos em dias mais frios, como entrada ou como um reconfortante prato para o fim de noite.

PREFERIDÍSSIMAS DA OLGA

Galinha da nona

Ingredientes para 4 pessoas
- 1 galinha caipira
- 4 dentes de alho
- 1 cebola média
- sal
- grãos de pimenta-do-reino
- 1 copo americano de vinho tinto
- 1 maço de cheiro-verde

Para o recheio:
- 2 colheres de sopa de óleo
- 2 dentes de alho picados
- 1 cebola picada
- 1/2 kg de carne moída
- 3 ovos, sendo 1 cru e 2 cozidos e picados
- farinha de rosca
- 100 g de queijo parmesão ralado
- sal
- 1 pitada de noz-moscada ralada
- cheiro-verde picado a gosto

Tempo de preparação: 2 h mais o tempo de marinada

Modo de fazer: De véspera, tempere a galinha com o alho, a cebola, sal, pimenta-do-reino em grão e o vinho tinto. Coloque o maço de cheiro-verde, lavado e bem escorrido, em seu interior e deixe-a marinando. No dia seguinte, preaqueça o forno. Para o recheio, aqueça o óleo e doure o alho e a cebola picados. Adicione a carne moída e refogue-a em fogo alto, mexendo para desmanchá-la. Quando a carne estiver bem refogada, junte os ovos cozidos picados, um pouco de farinha de rosca e o queijo ralado e misture. Adicione o ovo cru, mexendo bem, e tempere com sal, a noz-moscada e cheiro-verde a gosto. Retire a galinha da vinha-d´alhos e recheie. Arrume-a numa forma e leve ao forno para assar até que fique dourada.

PREFERIDÍSSIMAS DA OLGA

ARROZ-DE-CARRETEIRO

Ingredientes para 6 a 8 pessoas
- 1 kg de carne-seca
- 2 colheres de sopa de óleo
- toucinho defumado ou bacon picado
- 2 cebolas médias picadas
- 4 dentes de alho picados
- 1 folha de louro
- 1 alho-poró cortado em rodelas
- cheiro-verde picado
- 2 xícaras de chá de arroz, lavado e bem escorrido
- 2 tabletes de caldo de carne
- sal e pimenta-do-reino a gosto
- 2 lingüiças calabresas

Tempo de preparação: 1 h

Modo de fazer: Dessalgue a carne-seca, deixando-a de molho em água fria de um dia para o outro. No dia seguinte, corte-a em cubinhos. Aqueça bem o óleo numa panela e acrescente a carne-seca. Deixe refogar por alguns minutos, depois adicione o toucinho (ou o bacon), a cebola, o alho e os temperos verdes e refogue por mais alguns minutos. Junte o arroz, mexa bem e deixe refogar mais um pouco. Dilua os tabletes de caldo em água quente e coloque na panela. Depois, acrescente água suficiente para cobrir tudo. Prove e, se necessário junte mais sal e pimenta-do-reino a gosto. Corte as lingüiças em rodelas e adicione-as à panela. Tampe e deixe cozinhar até secar e o arroz estar macio e saboroso. Sirva em seguida, acompanhado de batata-palha.

Dica da Olga
Se quiser, faça o refogado na panela, depois passe tudo para uma forma e termine o cozimento no forno.

PREFERIDÍSSIMAS DA OLGA

FEIJÃO-TROPEIRO

Ingredientes:
- 1/2 kg de feijão preto ou roxinho
- 200 g de toucinho picado
- 100 g de bacon picado
- 2 ovos fritos
- 1 xícara de chá de farinha de mandioca

Para o tempero mineiro:
- 1/2 maço de cheiro-verde picado
- 2 cebolas picadas
- 3 dentes de alho
- 1 folha de louro
- sal

Para a guarnição:
- 1/2 kg de lingüiça fresca
- 1 maço de couve picado

Tempo de preparação: 1 h 30 min mais o tempo de molho

Modo de fazer: De véspera, deixe o feijão de molho em água fria. No dia seguinte, coloque-o para cozinhar até que fique macio. Frite o toucinho junto com o bacon até que estejam crocantes. Reserve os torresminhos e a gordura. Para fazer o tempero mineiro, reserve o cheiro-verde e bata os demais ingredientes no liquidificador ou passe pelo processador. À parte, frite a lingüiça cortada em rodelas e refogue a couve em um pouco da gordura reservada. Escorra o feijão e acrescente 2 colheres de sopa de gordura e o tempero mineiro. Adicione o torresmo e misture. Depois, junte os ovos fritos picados e a farinha de mandioca. Por último, junte o cheiro-verde. Guarneça com a couve refogada e a lingüiça e sirva em seguida, acompanhado de arroz branco.

PREFERIDÍSSIMAS DA OLGA

Picanha Bongiovanni com salada

Ingredientes para 4 pessoas
- 1 kg de picanha
- 1 kg de sal refinado
- 1 kg de farinha de trigo

Para a salada:
- folhas de alface, rúcula e agrião
- aspargos frescos cozidos
- 1 maçã picada
- 1 pêra picada
- 1 cenoura cortada em rodelas
- morangos
- nozes
- mel
- sal
- azeite de oliva
- vinagre balsâmico

Tempo de preparação: 1 h 30 min

Modo de fazer: Preaqueça o forno. Seque a picanha e envolva-a com uma camada grossa e uniforme de sal. Depois faça o mesmo com a farinha. Arrume a peça numa forma e leve-a ao forno já quente para assar por uns 50 minutos. Para a salada, arrume os vegetais e as frutas numa saladeira rasa, dispondo-os de forma decorativa. Faça um molho com mel, sal, azeite e vinagre balsâmico e tempere-a. Retire a picanha do forno e quebre a cobertura crocante que se formou, antes de cortá-la em fatias e servir.

PREFERIDÍSSIMAS DA OLGA

Modo de fazer: Numa tigela, junte os ovos, o açúcar, o leite, a cachaça, a margarina, o fermento e a baunilha. Misture muito bem, depois, vá adicionando farinha de trigo até obter consistência. Trabalhe a massa até deixá-la homogênea. Divida-a em duas partes iguais e abra-as numa espessura bem fina. Pincele a superfície com margarina derretida e sobreponha as duas partes. Recorte em triângulos e dobre as pontas, dando o formato de cueca virada. Frite em bastante óleo quente até que dourem. Retire-as com uma escumadeira, escorrendo bem. Polvilhe-as com uma mistura de açúcar e canela e sirva.

Cueca Virada

Ingredientes
- 5 ovos
- 14 colheres de sopa de açúcar
- 1 xícara de chá de leite
- 1 copo americano de cachaça
- 3 colheres de sopa de margarina
- 1 colher de sopa de fermento em pó
- 1 colher de sopa de essência de baunilha
- farinha de trigo
- margarina para pincelar
- óleo para fritar
- açúcar e canela para polvilhar

Tempo de preparação: 40 min

Beijo de Mulata

Ingredientes
- 3 ovos
- 7 colheres de sopa de açúcar
- 1 colher de sopa de cachaça
- 1 colher de sopa de maisena
- 1 colher de sopa de fermento em pó
- farinha de trigo
- óleo para fritar
- coco ralado

Para a calda:
- 1 xícara de chá de leite
- 1 xícara de chá de açúcar
- 1 xícara de chá de chocolate em pó

PREFERIDÍSSIMAS DA OLGA

Tempo de preparação: 40 min

Modo de fazer: Quebre os ovos numa tigela. Adicione o açúcar, a cachaça, a maisena e o fermento e misture tudo. Depois vá adicionando farinha, aos poucos, e trabalhando a massa até deixá-la com consistência para enrolar. Para fazer a calda, junte todos os ingredientes e misture bem. Molde bolinhas com a massa e frite-as em bastante óleo quente. Deixe que dourem e retire-as com uma escumadeira. Coloque sobre papel absorvente para retirar o excesso de gordura. Passe os docinhos pela calda e depois pelo coco ralado. Sirva em seguida ou guarde num recipiente que feche hermeticamente.

CUCA DE BAUNILHA

Ingredientes para 4 pessoas
- 2 ovos
- 4 colheres de sopa de açúcar
- 2 colheres de sopa de manteiga
- 1 copo de leite morno
- 1 colher de café de sementes de erva-doce
- 1 pitada de cravo-da-índia em pó
- 1 colher de sobremesa de essência de baunilha
- 1 xícara de chá de farinha de trigo
- 1 colher de sopa de fermento em pó

Para a farofa:
- 2 colheres de sopa rasas de manteiga ou margarina
- 2 colheres de sopa de açúcar
- 1 colher de café de canela em pó
- farinha de trigo

Tempo de preparação: 50 min

Modo de fazer: Preaqueça o forno. Comece fazendo a farofa: misture numa tigela a manteiga com o açúcar e a canela e vá adicionando farinha de trigo aos poucos e esfarelando com a ponta dos dedos até obter uma consistência de farofa. Reserve-a. Separe os ovos e reserve as claras. Em outra tigela, bata as gemas com o açúcar e a manteiga (de preferência, em temperatura ambiente). Adicione o leite morno, as sementes de erva-doce, o cravo-da-índia em pó, a essência de baunilha e a farinha de trigo e misture muito bem. Á parte, bata as claras em neve firme. Adicione-as à massa, junto com o fermento, mexendo levemente, sem bater. Coloque a massa em uma forma untada e espalhe a farofa por cima. Leve ao forno já aquecido para assar até que, ao espetar a massa com um palito, este saia seco e a superfície da cuca tenha uma crosta dourada e deliciosamente crocante.

PRATOS PRINCIPAIS

VIRADO À PAULISTA

Ingredientes para 4 pessoas
- 100 g de toucinho picado
- 1 cebola picada
- 2 dentes de alho amassados
- 3 xícaras de chá de feijão cozido, com o caldo
- sal e pimenta-do-reino
- 1 xícara de chá de farinha de mandioca

Acompanhamentos:
- 4 ovos fritos
- 4 gomos de lingüiça fritos
- 4 costeletas fritas
- couve refogada

Tempo de preparação: 1 h

Modo de fazer: Frite o toucinho em sua própria gordura até que fique crocante. Retire os torresminhos com uma escumadeira e escorra. Na gordura que ficou na frigideira, frite a cebola e o alho. Junte o feijão com o caldo, tempere com sal e pimenta-do-reino e misture bem. Vá adicionando a farinha de mandioca aos poucos e mexendo sem parar. Não deixe ficar seco demais. Retire do fogo e coloque o tutu numa travessa. Arrume em volta os ovos, a lingüiça, as costeletas e a couve refogada. Sirva com arroz branco.

PRATOS PRINCIPAIS

Assado de lombo especial

Ingredientes para 4 a 6 pessoas
- 1 lombo de 1 1/2 kg
- orégano a gosto
- 1 cebola grande picada
- 4 dentes de alho amassados
- 1 maço de cheiro-verde picado
- sal e pimenta-do-reino
- 1 copo de cerveja

Tempo de preparação: 2 h mais o tempo da marinada

Modo de fazer: De véspera, tempere o lombo com orégano, a cebola, o alho, o cheiro-verde, sal e pimenta-do-reino. Regue com a cerveja e deixe marinando. No dia seguinte, preaqueça o forno. Retire o lombo da vinha-d'alhos (reserve-a) e coloque-o numa forma. Cubra com papel-alumínio e leve ao forno. Asse por cerca de 1 hora e 30 minutos e elimine o papel alumínio. De vez em quando, regue com a vinha-d'alhos reservada. Quando lombo estiver macio e a superfície dourada e cro-cante, retire do forno e passe para uma travessa. Sirva-o cortado em fatias.

Dica da Olga
Gosto desse lombo com batatas cozidas, temperadas com sal e douradas na manteiga.

51

PRATOS PRINCIPAIS

DOBRADINHA À MODA MINEIRA

Ingredientes para 4 pessoas
- 1 kg de dobradinha
- 4 ou 5 limões
- 1/2 xícara de chá de óleo
- 2 cebolas picadas
- 2 dentes de alho amassados
- 4 tomates picados, sem pele nem sementes
- 1 colher de café de cominho
- sal
- 1 maço de cheiro-verde picado
- 1 folha de louro
- 2 xícaras de chá de feijão-branco cozido, sem o caldo

Tempo de preparação: 2 h mais o tempo de marinada

Modo de fazer: Lave a dobradinha e esfregue muito bem com metades de 1 ou 2 limões, impregnando-a com o suco. Coloque-a numa tigela com água e o suco dos limões restantes e deixe-a marinando durante pelo menos 2 horas. Depois disso, escorra muito bem. Em seguida, pique-a em tirinhas. Aqueça o óleo numa panela grande e refogue a cebola e o alho até dourar. Acrescente a dobradinha, o tomate, o cominho, sal a gosto, o cheiro-verde e o louro. Refogue por alguns minutos, mexendo sem parar, e cubra com água fria. Tampe a panela e deixe cozinhar por aproximadamente 1 hora. Quando a dobradinha estiver quase pronta, adicione o feijão-branco cozido e mexa bem. Sirva quente, acompanhada de arroz branco.

PRATOS PRINCIPAIS

LOMBO RECHEADO COM BRÓCOLES

Ingredientes para 6 pessoas
- 1 lombo de cerca de 2 kg
- sal e pimenta-do-reino
- 2 dentes de alho amassados
- suco de 1 limão
- 1 colher de sopa de páprica picante
- 1/2 xícara de chá de óleo
- 1 lata de cerveja

Para o recheio:
- 1 maço de brócoles cozidos
- 3 ovos cozidos e picados
- 1 cebola picada
- sal

Tempo de preparação: 2 h mais o tempo da marinada

Modo de fazer: Abra o lombo até formar um bife grande. Tempere com sal e pimenta-do-reino, o alho, o suco de limão e a páprica e deixe tomar gosto por 2 horas. Preaqueça o forno. Distribua sobre o lombo os ingredientes do recheio e enrole-o, como se fosse um rocambole. Envolva-o com um barbante para que mantenha a forma. Arrume-o numa forma untada, regue com o óleo e a cerveja e cubra com papel-alumínio. Leve ao forno para assar por cerca de 1 hora. Elimine o papel-alumínio e mantenha no forno por mais uns 30 a 40 minutos, quando o lombo deverá estar macio e a superfície dourada e crocante. Sirva cortado em fatias, acompanhado de purê de batata.

CHURRASCO AROMÁTICO DE FRANGO

Ingredientes para 4 pessoas
- 1 frango desossado, inteiro ou em pedaços
- sal e pimenta-do-reino
- 4 dentes de alho amassados
- suco de 1 limão
- ervas aromáticas frescas (louro, tomilho, alecrim) picadas
- manteiga ou margarina
- 2 mangas grandes, sem fios

Tempo de preparação: 1 h

Modo de fazer: Lave bem o frango e seque com um pano de cozinha. Para o tempero, prepare uma pasta com sal, pimenta-do-reino e o alho e esfregue-a em todo o frango. Regue com o suco de limão e espalhe as ervas por cima. Passe dois espetos pelo frango (se estiver inteiro), deixando-o bem aberto. Besunte-o com manteiga e leve à grelha. Vire-o de vez em quando para que asse por igual. Descasque as mangas e corte a polpa em fatias grossas. Quando o frango estiver quase pronto, grelhe a manga. Retire o frango da grelha e arrume-o numa travessa. Guarneça com as fatias de manga e sirva.

Dica da Olga
Também preparo este frango no forno, e ligo o grill no fim do cozimento para deixá-lo bem tostadinho.

PRATOS PRINCIPAIS

Cuscuz de frango

Ingredientes para 8 pessoas
- 3/4 de xícara de chá de óleo ou azeite de oliva
- 3 dentes de alho amassados
- 1 cebola média picada
- 2 peitos de frango cozidos e desfiados
- 1 xícara de chá de molho de tomate (caseiro ou de lata)
- 1 xícara de chá de cheiro-verde picado
- 1 pimentão vermelho picado
- 1/2 xícara de chá de azeitona picada
- 2 colheres de sopa de ketchup
- 1 colher de sobremesa de mostarda
- 1 vidro de palmito picado
- sal e pimenta-do-reino
- farinha de milho
- 3 ovos cozidos
- 1 tomate cortado em rodelas
- 1 pimentão verde, cortado em pedaços grandes
- molho de pimenta-vermelha

Tempo de preparação: 1 h

Modo de fazer: Aqueça o óleo (ou o azeite) numa panela e refogue o alho e a cebola. Junte o frango desfiado, o molho de tomate, o cheiro-verde, o pimentão vermelho picado, a azeitona, o ketchup, a mostarda e o palmito e misture tudo muito bem, mexendo com a colher de pau. Tempere com sal e pimenta-do-reino a gosto. Depois, vá adicionando farinha de milho, aos poucos, e misturando até obter a consistência de uma farofa bem molhada. Junte 2 ovos picados, misturando delicadamente. Unte um cuscuzeiro com óleo e decore o fundo e as laterais com rodelas de ovo cozido, de tomate e pedaços de pimentão verde. Acrescente a massa, pressionando com as mãos. Leve ao fogo em banho-maria e deixe cozinhar por uns 30 minutos. Retire do fogo e espere esfriar um pouco para desenformar. Acompanhe com molho de pimenta-vermelha.

Dica da Olga
Para saber se o cuscuz está pronto, cubra a massa com folhas de couve. Quando a verdura estiver cozida, o cuscuz também estará. Se perceber que a massa está seca demais, respingue um pouco de água ou caldo de galinha para deixá-la mais úmida.

PRATOS PRINCIPAIS

EMPADÃO DE FRANGO E PALMITO

Ingredientes para 4 pessoas

Para o recheio:
- 1 frango cortado em pedaços
- sal e pimenta-do-reino
- suco de 1 limão
- 1 cebola picada
- 2 tomates picados
- 1 tablete de caldo de carne
- 1 xícara de chá de palmito cortado em rodelas
- 1 xícara de chá de ervilha cozida ou de lata
- 1/2 xícara de chá de azeitona preta picada
- 1 ovo cozido cortado em rodelas

Para a massa:
- 3 xícaras de chá de farinha de trigo
- 1 colher de sopa de margarina
- 1 colher de sobremesa de fermento em pó
- sal
- 2 gemas para pincelar

Tempo de preparação: 2 h mais o tempo de marinada

Modo de fazer: De véspera, tempere o frango com sal, pimenta-do-reino, o suco de limão e a cebola e deixe marinando. No dia seguinte, passe o frango e a marinada para uma panela, acrescente água, o tomate e o tablete de caldo e cozinhe até que a carne esteja macia. Tire do fogo e deixe esfriar. Para a massa, junte a farinha, a margarina, o fermento e o sal numa tigela e vá misturando e pingando água até obter uma massa homogênea. Trabalhe bem com as mãos até que a massa fique macia. Desosse o frango já frio e desfie a carne. Preaqueça o forno. Divida a massa em duas partes e com uma delas forre o fundo e os lados de uma forma redonda untada. Espalhe o frango desfiado, acrescente o palmito, a ervilha, a azeitona picada e as rodelas de ovo cozido. Cubra com a massa restante e pincele com as gemas batidas. Leve ao forno já quente para assar por cerca de 1 h, quando a superfície deverá estar dourada e crocante. Sirva quente ou frio.

Peito de pato com fatias de maçã

Ingredientes para 4 pessoas
- 1 cebola cortada em fatias
- 2 talos de salsão picados
- 2 cenouras cortadas em rodelas
- 1 kg de ossos de pato ou de galinha
- azeite de oliva
- farinha de trigo
- 1 copo de vinho branco seco
- 1/2 litro de água
- 1 pacote (200 g) de manteiga
- 3 maçãs ácidas, vermelhas ou verdes, cortadas em fatias não muito finas
- 2 peitos de pato
- sal e pimenta-do-reino

Tempo de preparação: 1 h

Modo de fazer: Preaqueça o forno. Numa forma, junte a cebola, o salsão, a cenoura e os ossos, regue com azeite e leve ao forno quente por 15 minutos (ou ao microondas por metade desse tempo), mexendo de vez em quando para não queimar. Retire do forno, passe para uma panela, polvilhe com farinha de trigo e refogue em fogo alto. Junte o vinho e a água e cozinhe por cerca de 30 minutos. Derreta metade da manteiga e doure a maçã. Tempere os peitos de pato com sal e pimenta-do-reino e frite-os na manteiga restante até que estejam macios e dourados, ou coloque-os numa forma e leve ao forno. Corte-os em fatias finas. Coe o molho. Arrume os filés preparados numa travessa. Regue com o molho e guarneça com a maçã. Sirva a seguir.

PRATOS PRINCIPAIS

Peixe grelhado com molho tártaro

Ingredientes para 4 pessoas
- 1 kg de postas de peixe
- óleo
- 1 gema cozida
- 1 xícara de chá de maionese
- 2 colheres de sopa de pepino em conserva, picado
- salsa picada
- 2 colheres de sopa de cebola picada

Tempo de preparação: 30 min

Modo de fazer: Pincele as postas de peixe com um pouco de óleo. Coloque para assar na grelha da churrasqueira ou do forno. Enquanto isso, prepare o molho tártaro: amasse bem a gema cozida, depois misture-a com os demais ingredientes. Quando o peixe estiver assado, arrume-o numa travessa. Sirva o molho à parte, numa molheira.

Dica da Olga
Em lugar do pepino em conserva, você pode usar picles para preparar o molho tártaro.

PRATOS PRINCIPAIS

PINTADO NO ESPETO

Ingredientes para 4 pessoas
- 5 colheres de sopa de azeite de oliva ou de óleo de girassol
- casca ralada e suco de 1 limão grande
- 2 ramos de tomilho
- 2 folhas de louro
- 1 colher de sopa de salsa picada
- sal e pimenta-do-reino moída na hora
- 800 g de pintado, cortado em cubos
- 200 g de tomate-cereja
- 2 pimentões verdes, cortados em pedaços grandes
- 1 xícara de chá de cogumelos inteiros
- 200 g de cebola miúda

Tempo de preparação: 1 h mais o tempo de marinada

Modo de fazer: Para a vinha-d'alhos, misture o azeite com a casca e o suco de limão, o tomilho, o louro, a salsa, sal e pimenta-do-reino. Monte 8 espetinhos alternando o peixe com o tomate, o pimentão, o cogumelo e a cebola. Coloque numa travessa e tempere com a vinha-d'alhos. Tampe e deixe na geladeira por 2 horas. Escorra os espetos e leve-os à churrasqueira ou ao forno preaquecido. Asse até que o peixe fique opaco e os legumes dourados, virando e regando com a vinha-d'alhos. Sirva com arroz.

> ### Dicas da Olga
> Como este é um prato leve e muito saudável, acompanho-o com arroz integral.

PRATOS PRINCIPAIS

ESCALOPE DE SALMÃO COM MOLHO DE PIMENTÃO

Ingredientes para 4 pessoas
- 6 pimentões vermelhos
- 2 pimentões verdes
- 600 g de salmão, cortado em filés
- azeite de oliva
- sal e pimenta-do-reino
- suco de limão

Tempo de preparação: 20 min

Modo de fazer: Coloque todos os pimentões no forno, depois retire a pele e reserve. Em uma frigideira, frite levemente os filés de salmão no azeite e tempere com sal e pimenta-do-reino. Bata 4 pimentões vermelhos no liquidificador, acrescentando algumas gotas de limão e um pouco de azeite. Corte os pimentões restantes em tiras largas. Guarneça uma travessa com o molho, arrume os filés de salmão por cima e distribua as tiras de pimentão em volta. Sirva acompanhado de arroz branco ou purê de batata.

Lulas ao molho de tinta

Ingredientes para 6 pessoas
- 1 kg de lula fresca, pequena e inteira
- azeite de oliva
- 3 cebolas picadas
- 4 colheres de sopa de cheiro-verde picado
- 2 ovos cozidos picados
- 2 colheres de sopa de farinha de rosca
- sal
- 2 colheres de sopa de farinha de trigo
- 1 lata de molho de tomate
- 1/2 copo de vinho branco seco
- 1 copo de caldo de peixe (caseiro ou preparado com tablete)
- pimenta-do-reino

Tempo de preparação: 30 min

Modo de fazer: Limpe as lulas, retire a tinta das bolsas, dilua com um pouco de água e reserve. Pique os tentáculos e frite-os no azeite. Junte 2 cebolas, metade do cheiro-verde, os ovos e a farinha de rosca. Tempere com sal e misture bem. Seque as lulas e recheie com a mistura, fechando-as com um palito. Passe-as na farinha de trigo e frite no azeite, virando-as para não grudarem. Retire-as e reserve. No mesmo azeite, doure a cebola restante, junte o molho de tomate, o vinho, o caldo de peixe, sal e pimenta-do-reino e cozinhe por 10 minutos. Preaqueça o forno. Adicione a tinta diluída ao molho e passe-o para uma forma. Junte as lulas e leve ao forno para assar por uns 10 minutos. Se ficar seco, adicione mais caldo. Tire do forno, espalhe por cima o restante da salsa picada e sirva.

PRATOS PRINCIPAIS

PEIXADA SANTISTA DE FORNO

Ingredientes para 4 pessoas
- 1/2 xícara de chá de azeite de oliva
- 4 tomates picados
- 2 cebolas picadas
- 1 maço de coentro picado
- 2 dentes de alho amassados
- 1 folha de louro
- 1 1/2 kg de peixe cortado em postas
- sal e pimenta-do-reino
- 1 copo de vinho branco seco
- folhas de manjericão picadas
- 4 cenouras
- 1 maço de brócoles
- 4 bananas-nanicas

Tempo de preparação: 1 h

Modo de fazer: Aqueça o azeite numa panela e refogue o tomate, a cebola, o coentro, o alho e o louro. Preaqueça o forno. Arrume as postas de peixe em uma ou duas formas, tempere com sal e pimenta-do-reino e regue com o vinho. Cubra com o refogado de tomate, junte o manjericão e leve ao forno. Se necessário, acrescente água aos poucos. Raspe as cenouras e corte-as em rodelas grossas; limpe os brócoles (mantenha parte dos talos) e descasque as bananas. Cozinhe esses ingredientes separadamente. Quando o peixe estiver assado, passe para uma travessa. Arrume ao lado a cenoura, os brócoles e a banana cozida. Sirva em seguida. Acompanhe com arroz.

ATUM AROMÁTICO

Ingredientes para 4 a 6 pessoas
- 800 g de atum fresco cortado em postas grossas
- sal e pimenta-do-reino
- 3 dentes de alho amassados
- orégano
- folhinhas de alecrim
- 1/2 litro de vinho branco seco
- 2 colheres de sopa de manteiga
- 1 colher de sopa de azeite de oliva
- 4 enchovas
- suco de 1 limão
- 2 colheres de sopa de farinha de rosca

Tempo de preparação: 1 h mais o tempo da marinada

Modo de fazer: Tempere o peixe com sal, pimenta-do-reino, o alho, orégano e alecrim a gosto. Regue com o vinho e deixe marinar por cerca de 2 horas. Arrume as postas numa forma, coloque por cima metade da manteiga e o azeite de oliva e leve ao forno. Regue de vez em quando com a marinada. Para acompanhar, faça um molho de enchovas: leve ao fogo uma panelinha com a manteiga restante e as enchovas, deixe fritar por alguns minutos. Junte o suco do limão e retire do fogo. Passe as postas de atum para um travessa, polvilhe-as com a farinha de rosca e regue com o molho de enchovas. Sirva em seguida.

PRATOS PRINCIPAIS

BACALHAU DE FORNO

Ingredientes para 3 ou 4 pessoas
- 1/2 kg de bacalhau
- azeite de oliva
- 5 batatas médias, cozidas e cortadas em rodelas
- 1 cebola grande cortada em rodelas
- 2 pimentões vermelhos cortados em rodelas
- 3 tomates cortados em rodelas
- 2 tabletes de caldo de peixe (ou de galinha) dissolvidos em 2 xícaras de chá de água quente
- azeitonas pretas

Tempo de preparação: 1 h mais o tempo de molho

Modo de fazer: De véspera, deixe o bacalhau de molho em água gelada, trocando-a várias vezes, para tirar o sal. No dia seguinte, escorra e limpe o bacalhau, retirando pele e espinhas. Corte-o em pedaços grandes. Unte uma ou duas formas com azeite e arrume camadas de batata, cebola, pimentão, tomate e bacalhau, regando cada uma com um pouquinho de azeite. Por último, regue com o caldo de peixe, cubra com papel-alumínio e leve ao forno brando para assar por uns 50 minutos. De vez em quando, regue com o caldo da assadeira. Quando a bacalhau estiver pronto, adicione as azeitonas. Sirva em seguida, acompanhado de arroz branco.

Dica da Olga
Uso a água gelada porque faz com que o sal desprenda mais facilmente do bacalhau.

PRATOS PRINCIPAIS

BACALHAU À ROSSINI

Ingredientes para 6 a 8 pessoas
- 1 kg de bacalhau
- 1 kg de batata
- 1 xícara de chá de óleo
- 1 cebola picada
- 4 dentes de alho amassados
- 1 lata de molho de tomate
- alcaparras a gosto
- 1 folha de louro
- 1 colher de sobremesa de alecrim
- pimenta-do-reino
- 2 pimentões vermelhos cortados em tiras
- cheiro-verde picado
- 2 ovos cozidos cortados em rodelas
- azeitonas pretas

Tempo de preparação: 1 h mais o tempo de molho

Modo de fazer: De véspera, deixe o bacalhau de molho, trocando a água várias vezes. No dia seguinte, leve-o para cozinhar em bastante água. Escorra-o e, na mesma água, cozinhe as batatas descascadas. Aqueça o óleo e refogue a cebola e o alho. Junte o molho de tomate, alcaparras, o louro, o alecrim e pimenta-do-reino e ferva por alguns minutos. Preaqueça o forno. Numa assadeira untada, arrume camadas de bacalhau, batata, pimentão, cheiro-verde, molho, rodelas de ovo cozido e azeitonas. Leve ao forno, aqueça bem e sirva.

PRATOS PRINCIPAIS

PARAFUSO À SICILIANA

Ingredientes para 4 pessoas
- 1 pacote (1/2 kg) de macarrão parafuso
- 2 berinjelas cortadas em cubos
- 4 colheres de sopa de óleo
- 1 pimentão (vermelho ou amarelo) cortado em quadrados
- 2 dentes de alho picados
- 3 filés de enchova amassados
- 1/2 xícara de chá de azeitona preta picada
- 1/2 xícara de chá de alcaparras
- 1 lata de purê de tomate
- sal e pimenta-do-reino

Tempo de preparação: 20 min

Modo de fazer: Cozinhe o macarrão em água e sal. Enquanto isso, prepare o molho: afervente a berinjela em água e sal por 2 ou 3 minutos. Escorra muito bem e seque num pano limpo ou papel-toalha. Numa frigideira, aqueça o óleo e frite ligeiramente a berinjela. Acrescente o pimentão, o alho, a enchova, a azeitona e as alcaparras, mexendo sempre e deixando refogar em fogo baixo. Por último, adicione o purê de tomate e tempere a gosto com sal e pimenta-do-reino. Refogue por mais alguns minutos. Escorra o macarrão e passe para uma travessa. Despeje o molho por cima e sirva imediatamente.

PRATOS PRINCIPAIS

PENA TRICOLOR AOS QUATRO QUEIJOS

Ingredientes para 4 pessoas
- 1 pacote (1/2 kg) de macarrão pena, tricolor
- sal
- 4 colheres de sopa de manteiga ou margarina
- 1 xícara de chá de mozarela picada
- 1/2 xícara de chá de queijo tipo suíço picado
- 1/2 xícara de chá de catupiri picado
- 1 pacote (100 g) de queijo parmesão ralado
- 1 xícara de chá de creme de leite

Tempo de preparação: 30 min

Modo de fazer: Cozinhe o macarrão em água e sal. Quando estiver cozido, escorra. Derreta a manteiga numa panela em fogo baixo. Adicione o macarrão e mexa bem. Junte os três queijos picados, metade do parmesão ralado e o creme de leite. Mexa sem parar até que os queijos estejam completamente derretidos. Passe para uma travessa, polvilhe por cima o queijo ralado restante e sirva.

Dica da Olga
Você pode juntar o macarrão cozido e os queijos numa forma e terminar de preparar no forno. Desse modo, o prato ganha um gratinado delicioso.

PRATOS PRINCIPAIS

RIGATONE RECHEADO COM PRESUNTO E QUEIJO

Ingredientes para 4 pessoas:
- 1 pacote (1/2 kg) de rigatone
- sal
- 250 g de presunto
- 250 g de mozarela
- 1 lata de molho de tomate
- 1 pacote (100 g) de queijo parmesão ralado

Tempo de preparação: 1 h

Modo de fazer: Coloque o macarrão para cozinhar em água e sal. Enquanto isso, corte o presunto e a mozarela em tiras finas, do comprimento do rigatone, e reserve. Escorra o macarrão cozido e regue com um fio de óleo para não grudar. Preaqueça o forno. Recheie cada rigatone com tirinhas de presunto e mozarela e vá arrumando-os em camadas numa forma, regando cada uma com molho de tomate e polvilhando com queijo ralado. Cubra com molho e queijo ralado. Leve ao forno por 25 a 30 minutos. Sirva em seguida.

Macarrão à moda do Papa

Ingredientes para 4 pessoas
- 1 pacote (1/2 kg) de macarrão
- sal a gosto
- 3 colheres de sopa de manteiga
- 1 colher de sopa de cebola ralada
- 100 g de presunto cru, cortado em tirinhas
- 3 ovos
- 1/2 xícara de chá de creme de leite
- 1/2 de xícara de chá de queijo parmesão ralado
- 1/2 lata de ervilha escorrida

Tempo de preparação: 40 min

Modo de fazer: Cozinhe o macarrão em água e sal. Numa frigideira grande, derreta a manteiga e refogue a cebola apenas até murchar. Junte o presunto e refogue mais um pouco. Retire do fogo e reserve. Misture os ovos com o creme de leite e 3 colheres de sopa de queijo parmesão. Bata ligeiramente e reserve. Preaqueça o forno. Escorra o macarrão e coloque-o na frigideira com o presunto. Junte a ervilha. Misture tudo e passe para uma forma. Regue com a mistura de ovo e mexa delicadamente. Leve ao forno e deixe até que a crosta esteja levemente dourada. Sirva imediatamente, com o parmesão restante.

Dica da Olga
Para que o prato fique mais bonito, uso metade do macarrão verde.

PRATOS PRINCIPAIS

MACARRÃO COM ESPINAFRE

Ingredientes para 4 pessoas
- 1 pacote de macarrão (orelhinha, parafuso, borboleta)
- sal
- óleo ou azeite de oliva
- 1 maço de espinafre tenro
- 2 dentes de alho, cortados em lâminas
- 2 filés de enchova
- pimenta-vermelha picada (opcional)
- queijo parmesão ralado

Tempo de preparação: 30 min

Modo de fazer: Cozinhe o macarrão em água, sal e um fio de óleo. Limpe e lave bem o espinafre. Escorra-o e pique não muito miúdo. Leve-o ao fogo numa panela, sem adicionar água. Tampe-a e cozinhe por alguns minutos, apenas até que murche. Reserve. Leve ao fogo baixo uma frigideira grande com 4 colheres de sopa de azeite e doure o alho. Adicione os filés de enchova e amasse com um garfo para desmanchá-los. Retire do fogo. Escorra o macarrão e passe-o para a frigideira. Junte a pimenta-vermelha (se for usá-la) e o espinafre e misture. Leve de volta ao fogo e refogue, mexendo, por uns 2 minutos, para que absorva bem o tempero. Se necessário, junte umas colheradas da água do cozimento do macarrão. Sirva a seguir com o queijo ralado à parte.

PRATOS PRINCIPAIS

MACARRÃO COM LULA À ESPANHOLA

Ingredientes para 4 pessoas
- 400 g de lula
- 2 colheres de sopa de manteiga
- 2 colheres de sopa de azeite de oliva
- 1 cebola média picada
- 1 lata de molho de tomate
- 3/4 de xícara de chá de vinho tinto seco
- gotas de molho de pimenta (opcional)
- 1 pacote de macarrão (1/2 kg)
- sal

Tempo de preparação: 1 h

Modo de fazer: Limpe as lulas e corte-as em anéis (reserve os saquinhos de tinta). Corte os tentáculos em pedaços. Numa panela média, derreta a manteiga junto com o azeite, acrescente a cebola e espere murchar. Adicione a lula e refogue por 2 ou 3 minutos. Acrescente os saquinhos de tinta reservados, o molho de tomate e o vinho tinto. Tempere com gotas de molho de pimenta (se for usá-lo). Deixe cozinhar em fogo baixo, mantendo a panela tampada, até a lula ficar macia. Se o molho começar a secar, vá adicionando água quente aos poucos. Cozinhe o macarrão em bastante água temperada com sal. Escorra-o bem, tempere com o molho e sirva imediatamente.

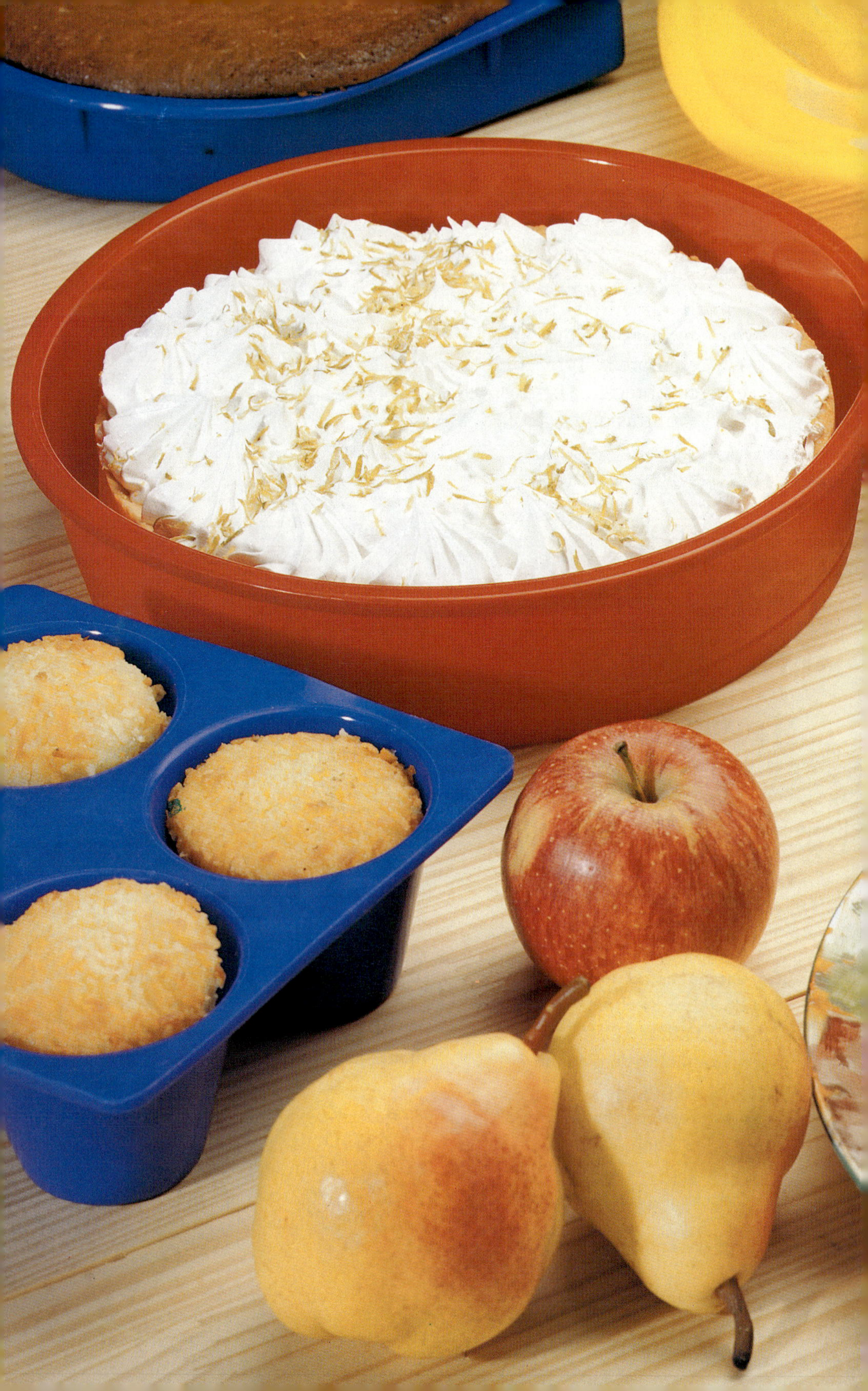

DOCES & SOBREMESAS

Que uma doce sobremesa é uma parte indispensável da tradição gastronômica brasileira, não se discute. Também a mesa caprichosamente arrumada no meio da tarde com pães doces, bolos e tortas e aquele cafezinho cheiroso, puro ou com leite, é sempre bem recebida. Para esses momentos felizes, eu escolhi receitas bem variadas, algumas da minha infância, outras que fui colecionando ao longo da vida.

DOCES & SOBREMESAS

Sempre uma Delícia

PÃEZINHOS ESPECIAIS

Ingredientes para 8 pãezinhos

- 1 tablete (15 g) de fermento biológico
- 6 colheres de sopa de açúcar
- 4 colheres de sopa de leite morno
- farinha de trigo (cerca de 2 1/2 xícaras de chá)
- 4 colheres de sopa de manteiga em temperatura ambiente
- 1 ovo e 1 gema
- casca de laranja ralada
- 1/3 de xícara de chá de uva passa

Tempo de preparação:
1 h mais o tempo de descanso da massa

Modo de fazer: Desmanche o fermento com 1 colher de sopa de açúcar. Adicione o leite morno e 1/2 xícara de chá de farinha, obtendo um mingau grosso. Cubra e deixe descansar por uns 20 minutos, até dobrar de volume. Adicione o açúcar restante, a manteiga, o ovo, a gema e casca de laranja ralada e bata com uma colher de pau. Junte o restante da farinha e amasse até a massa ficar lisa e elástica. Misture a uva passa e deixe descansar por 2 horas, até quase triplicar de volume. Abaixe a massa, divida-a em 8 pedaços e molde os pãezinhos. Arrume-os sobre assadeiras untadas e polvilhadas com farinha. Cubra e deixe crescer até quase dobrar de volume. Preaqueça o forno e asse os pãezinhos por cerca de 30 minutos.

ROSCA DOURADA

Ingredientes para 6 pessoas

- 2 tabletes (30 g) de fermento biológico
- 1 xícara de chá de leite
- 1/2 xícara de chá de açúcar
- 1/2 kg de farinha de trigo
- 3 ovos (reserve um pouco de gema para pincelar)
- 150 g de margarina
- 1 colher de café de sal
- 1 colher de sopa de açúcar cristal

Tempo de preparação: 30 min mais o tempo de descanso da massa

Modo de fazer: Dissolva o fermento no leite com o açúcar e 1 xícara de chá de farinha, formando um mingau. Cubra e deixe descansar por cerca de 50 minutos. Acrescente os ingredientes restantes, menos o açúcar cristal, e trabalhe a massa até formar bolhas. Cubra e espere crescer até dobrar de volume. Abra a massa formando um retângulo. Dobre-a em três partes no sentido da largura, depois corte em 3 tiras e trance-as. Junte as pontas formando a rosca. Pincele com a gema reservada, polvilhe o açúcar cristal e deixe crescer, em lugar abrigado, até dobrar de volume. Preaqueça o forno em temperatura moderada e asse a rosca por uns 35 minutos.

BOLO DE LARANJA

Ingredientes para 6 pessoas
- 1 tablete (100 g) de margarina
- 2 xícaras de chá de açúcar
- 4 ovos
- 2 xícaras de chá de suco de laranja
- 2 xícaras de chá de farinha de trigo
- 1 colher de sopa de fermento em pó
- 1 xícara de chá de açúcar de confeiteiro

Tempo de preparação: 40 min

Modo de fazer: Preaqueça o forno. Bata a margarina com o açúcar. Separe os ovos. Sem parar de bater, acrescente à mistura as gemas, metade do suco de laranja, a farinha e o fermento. Bata as claras em neve e acrescente à massa, mexendo delicadamente. Despeje numa forma untada e enfarinhada e leve ao forno já quente para assar. Misture o suco de laranja restante com o açúcar de confeiteiro. Retire o bolo do forno e deixe esfriar por alguns minutos. Desenforme-o, fure-o com um garfo e regue com a calda de laranja.

DOCES & SOBREMESAS

SORVETE DE DOCE DE ABÓBORA

Ingredientes para 6 pessoas
- 4 gemas
- 5 colheres de sopa de açúcar
- 3 colheres de sopa de leite
- 1 litro de creme de leite fresco
- 2 xícaras de chá de doce de abóbora

Tempo de preparação: 20 min mais o tempo de congelamento

Modo de fazer: Junte as gemas com o açúcar e o leite e bata muito bem. Reserve. Bata o creme de leite até obter o ponto de chantili. Vá adicionando ao chantili a mistura de gema reservada, mexendo delicadamente. Coloque numa tigela, cubra e leve ao congelador. Retire-a 10 minutos depois e adicione o doce de abóbora, misturando muito bem. Cubra a tigela novamente e leve de volta ao congelador. De vez em quando, torne a bater, para obter um sorvete cremoso. Cerca de 20 minutos antes de servir, passe o sorvete do congelador para a geladeira.

Dica da Olga
Varie o sabor desse sorvete substituindo o doce de abóbora por outros doces em pasta, como cidra, mamão, goiaba, etc.

DOCES & SOBREMESAS

Sorvete de café

Ingredientes para 4 pessoas
- 1 lata de creme de leite
- a mesma medida de café bem forte e quente
- 4 gemas
- 1 xícara de chá de açúcar
- 2 colheres de sopa de conhaque

Tempo de preparação: 30 min mais o tempo de congelamento

Modo de fazer: Misture o creme de leite e o café e leve ao fogo, mexendo levemente até abrir fervura. Retire do fogo e reserve. À parte, bata as gemas com o açúcar até obter uma mistura clara e espumosa. Acrescente o creme de café, sem parar de bater. Retorne essa mistura ao fogo e cozinhe, mexendo sempre, até abrir fervura novamente. Retire do fogo, misture o conhaque e deixe esfriar. Passe o creme para uma tigela, cubra-a e leve-a ao congelador. Quando perceber que o sorvete está começando a endurecer, bata-o muito bem no liquidificador, na batedeira ou no processador. Repita essa operação por mais três vezes, para que o sorvete fique bem cremoso.

Dica da Olga
Sempre que possível, uso a sorveteira elétrica para preparar sorvetes.

TERRINA DE PÊSSEGO

Ingredientes para 6 pessoas
- 2 litros de sorvete de baunilha
- 1 1/4 de xícara de chá de leite
- 2 colheres de chá de maisena
- 1 colher de chá de essência de baunilha
- 2 latas (150 g) de pêssego em calda

Tempo de preparação: 30 min mais o tempo de descongelar e o tempo de geladeira

Modo de fazer: Deixe o sorvete fora da geladeira por 1 hora para amolecer. Numa panelinha, misture o leite, a maisena e a baunilha e leve ao fogo moderado. Cozinhe, sem parar de mexer, até engrossar. Retire do fogo e deixe esfriar. Escorra os pêssegos e reserve a calda. Bata os pêssegos de uma das latas no liquidificador até obter um purê. Corte os pêssegos da outra lata em fatias. Misture o sorvete amolecido com o creme frio e as fatias de pêssego. Divida essa mistura entre uma ou duas formas retangulares. Despeje o purê por cima do sorvete e mexa com a ponta do garfo para dar um efeito marmorizado. Deixe no congelador até ficar firme. Retire do congelador 15 minutos antes de servir, desenforme, corte em fatias e regue com a calda reservada.

DOCES & SOBREMESAS

Pudim de Pão de Natal

Tempo de preparação: 1 h

Ingredientes para 4 a 6 pessoas
- 1 pão de forma
- 1 litro de leite
- 2 1/2 xícaras de chá de açúcar
- 6 ovos batidos
- 1 lata de leite condensado
- 2 colheres de sopa de queijo ralado
- 1/2 copo de vinho Madeira doce
- 100 g de frutas cristalizadas
- 200 g de uva passa sem sementes
- casca de limão ralada
- 2 colheres de sopa de margarina

Modo de fazer: Preaqueça o forno. Pique o pão numa tigela grande. Ferva o leite, despeje na tigela e amasse o pão para obter uma consistência esponjosa. Derreta 1 1/2 xícara de açúcar e caramelize uma forma. Adicione à tigela o açúcar restante e os demais ingredientes, misturando bem. Despeje a massa na forma, leve ao forno e asse até que, ao espetar o pudim com um palito, este saia seco. Tire do forno e deixe amornar. Desenforme o pudim e deixe a calda escorrer. Depois, corte-o em quadradinhos e sirva.

DOCES & SOBREMESAS

TORTA ESPECIAL DE LIMÃO

Ingredientes para 4 pessoas
- 1 gema
- 1 tablete (100 g) de margarina
- 3 colheres de sopa de açúcar
- casca ralada de 1/2 limão
- farinha de trigo

Para o recheio:
- 1 lata de leite condensado
- 1/2 xícara de chá de suco de limão
- casca ralada de 1/2 limão

Para o merengue:
- 4 claras
- 6 colheres de sopa de açúcar

Tempo de preparação: 1 h mais o tempo de descanso da massa

Modo de fazer: Para a massa, misture bem a gema, a margarina, o açúcar e a casca de limão ralada. Vá adicionando farinha, aos poucos, e misturando até obter uma massa homogênea. Cubra-a com um pano e deixe-a na geladeira por 30 minutos. Preaqueça o forno. Abra a massa com o rolo e forre com ela o fundo e os lados de uma forma para torta. Asse-a apenas até que comece a dourar. Enquanto isso, misture todos os ingredientes do recheio. Para o merengue, bata as claras em neve firme, adicione o açúcar e torne a bater. Retire a torta do forno, recheie com o creme de limão e cubra com o merengue, levantando picos com um garfo. Leve-a de volta ao forno para dourar o merengue. Desenforme-a num prato e deixe na geladeira até o momento de servir.

TORTA DE MAÇÃ DA VOVÓ

Ingredientes para 6 pessoas

- 2 1/2 xícaras de chá de farinha de trigo
- 1 xícara de chá de açúcar
- 1 pitada de canela em pó
- 1 pitada de sal
- 1/2 pacote (100 g) de manteiga
- 1 ovo e 1 gema

Para o recheio:

- 6 ou 7 maçãs ácidas
- casca ralada de 1 limão
- 3 colheres de sopa de açúcar
- 1 colher de sopa de farinha de trigo

Para o creme:

- 1 colher de sopa de maisena
- 1 xícara de chá de leite
- 1 gema
- açúcar a gosto
- essência de amêndoa ou de limão

Tempo de preparação: 1 h 20 min mais o tempo de descanso da massa

Modo de fazer: Para a massa, misture os ingredientes secos, junte a manteiga, o ovo e a gema e misture com a ponta dos dedos. Amasse delicadamente, apenas para unir bem os ingredientes. Faça uma bola com ela, cubra-a e deixe na geladeira por 1 hora. Preaqueça o forno. Abra a massa e forre uma forma para torta. Cubra com papel-manteiga e encha-a com feijão cru. Asse-a por 10 a 12 minutos. Elimine o feijão e o papel-manteiga e asse por mais 10 minutos, para dourar. Enquanto isso, descasque as maçãs, elimine as sementes e corte-as em fatias. Reserve algumas para decorar e misture as demais com os outros ingredientes do recheio. Para o creme, misture todos os ingredientes e cozinhe em fogo baixo até engrossar. Espalhe o recheio sobre o fundo assado. Cubra com o creme e arrume por cima as fatias reservadas. Leve ao forno por mais 15 a 20 minutos, até o creme ficar firme. Retire do forno, deixe amornar e desenforme com cuidado, ou sirva-a na própria forma.

DOCES & SOBREMESAS

TORTA RÁPIDA DE MORANGO E ABACAXI

Ingredientes para 6 pessoas
- 1 bolo tipo pão-de-ló ou de caixa, sabor baunilha

Para o recheio:
- 1/2 abacaxi picado
- 1/2 xícara de chá de açúcar

Para o creme:
- 150 g de cream cheese
- 2 colheres de sopa de açúcar
- suco de limão

Para a cobertura:
- 1 pacote de gelatina de morango
- 2 xícaras de chá de morango fresco, lavado e escorrido

Tempo de preparação: 1 h mais o tempo de geladeira

Modo de fazer: Prepare o bolo escolhido e asse-o numa forma de aro removível. Para o recheio, leve ao fogo o abacaxi com o açúcar e apure até obter uma calda com consistência de geléia. Retire do fogo e deixe esfriar. Para o creme, misture todos os ingredientes e mexa vigorosamente até ficar cremoso. Para a cobertura, dissolva a gelatina em 1 xícara de chá de água quente, depois acrescente 1/2 xícara de chá de água fria. Leve à geladeira para endurecer um pouco. Para montar a torta, desenforme o bolo e corte-o ao meio, no sentido da altura. Recoloque a parte de baixo na forma e espalhe o recheio de abacaxi. Cubra com a parte de cima do bolo. Espalhe o creme preparado e distribua por cima os morangos, inteiros ou cortados ao meio. Quando a gelatina estiver começando a endurecer, despeje-a sobre os morangos. Deixe a torta na geladeira até que a gelatina esteja firme. Desenforme na hora de servir.

DOCES & SOBREMESAS

Torta de Pêra com Pistache

Ingredientes para 6 pessoas
- 1 3/4 de xícara de chá de farinha de trigo
- 1 gema
- 1/2 pacote (100 g) de manteiga
- 1 pitada de sal
- 4 colheres de sopa de água gelada

Para o recheio:
- 2/3 de xícara de chá de manteiga
- 8 colheres de sopa de açúcar
- 1 ovo e 1 gema
- 1 colher de sopa de licor de pêra (ou outro de sua preferência)
- 100 g de pistache, descascado e picado
- 2 colheres de sopa de farinha de trigo
- 5 peras, descascadas e cortadas em fatias não muito finas
- açúcar de confeiteiro

Tempo de preparação: 35 minutos mais o tempo de descanso da massa

Modo de fazer: Junte todos os ingredientes da massa e misture bem até deixá-la homogênea. Coloque-a numa tigela, cubra e deixe na geladeira por 30 minutos. Passado esse tempo, abra a massa e forre com ela o fundo e os lados de uma forma redonda. Perfure a massa com um garfo em vários pontos para não levantar bolhas e leve ao congelador por mais 30 minutos. Enquanto isso, prepare o recheio: bata bem a manteiga, depois acrescente o açúcar, o ovo, a gema, o licor, o pistache e a farinha trigo e misture bem. Preaqueça o forno. Retire a massa do congelador e recheie com o creme preparado. Arrume por cima as fatias de pêra e leve ao forno. Quando a massa começar a dourar, polvilhe a torta com açúcar de confeiteiro e recoloque no forno para caramelizar. Espere esfriar um pouco e depois desenforme.

DOCES & SOBREMESAS

Pudim de Maria-Mole

Ingredientes 6 pessoas
- 1 xícara de chá de açúcar
- 1 caixa de maria-mole
- 1 copo (250 ml) de água fervente
- 1 lata de leite condensado
- 1 lata de creme de leite, sem o soro
- a mesma medida (da lata) de leite

Tempo de preparação: 20 min mais o tempo de geladeira

Modo de fazer: Derreta o açúcar e caramelize uma forma para pudim com buraco no meio, ou forminhas individuais, e reserve. Dissolva o pó de maria-mole na água fervente. Deixe esfriar e bata no liquidificador, junto com o leite condensado, o creme de leite e o leite. Despeje o creme na forma caramelizada e leve à geladeira por cerca de 3 horas, ou até que esteja firme. Desenforme e sirva.

BOLO DE MAÇÃ E NOZES

Ingredientes para 6 pessoas

- 2 maçãs verdes, descascadas, sem sementes e picadas
- 1/2 xícara de chá de nozes picadas
- 1/2 xícara de chá de uva passa sem sementes
- 1/2 xícara de chá de açúcar
- 1 colher de chá de canela em pó
- 1 tablete (100 g) de margarina
- 4 ovos
- 1 lata de leite condensado
- 2 xícaras de chá de farinha de rosca
- 1 colher de sopa de fermento em pó

Cobertura:

- 2 xícaras de chá de açúcar de confeiteiro
- suco de limão
- nozes inteiras
- cerejas em calda

Tempo de preparação: 1 h 10 min

Modo de fazer: Numa tigela, misture a maçã, as nozes, a uva passa, o açúcar e a canela e reserve. Bata a margarina junto com as gemas (reserve as claras) até obter um creme homogêneo. Adicione o leite condensado e torne a bater. Aos poucos, vá juntando a farinha de rosca e o fermento, mexendo sem parar. Acrescente a mistura de maçã. Preaqueça o forno. À parte, bata as claras em neve firme, junte à massa e misture delicadamente. Passe a massa para uma forma redonda, com buraco no meio, untada e polvilhada com farinha de rosca. Leve ao forno e asse por cerca de 40 minutos, ou até dourar. Desenforme o bolo ainda quente. Para a cobertura, coloque o açúcar de confeiteiro numa tigelinha e vá juntando suco de limão até obter consistência para espalhar. Despeje a cobertura sobre o bolo, fazendo com que escorra pelas laterais. Deixe esfriar e decore com nozes inteiras e cerejas.

Bolo de amêndoa

Ingredientes para 6 pessoas
- 2 xícaras de chá de açúcar
- 4 ovos
- 1 xícara de chá de manteiga derretida
- 3/4 de xícara de chá de amêndoa moída
- 1 xícara de chá de farinha de trigo
- 2 colheres de sopa de fécula de batata
- amêndoas torradas inteiras para decorar

Tempo de preparação: 1 h

Modo de fazer: Preaqueça o forno. Junte o açúcar com 2 ovos inteiros mais 2 gemas e bata até ficar cremoso. Acrescente a manteiga e a amêndoa. Peneire a farinha de trigo e a fécula de batata e misture-as à massa, mexendo com uma colher de pau. À parte, bata as claras em neve e adicione à massa, mexendo sem bater. Despeje numa forma untada e polvilhada com farinha de trigo. Leve ao forno quente e asse por uns 30 minutos, ou até que, ao espetar o bolo com um palito, este saia seco. Deixe o bolo esfriar um pouco e desenforme-o. Para servir, corte o bolo em quadradinhos e decore-os com amêndoas inteiras.

DOCES & SOBREMESAS

Bolo Vitória

Ingredientes para 6 pessoas

- 1 3/4 de xícara de chá de margarina light
- 5 colheres de sopa de açúcar de confeiteiro
- 3 ovos levemente batidos
- 1 xícara de chá de farinha de trigo integral
- 5 colheres de sopa de farinha de trigo
- 1 colher de sopa de fermento em pó
- gotas de essência de baunilha
- 2 colheres de sopa de água quente

Tempo de preparação: 40 min

Modo de fazer: Preaqueça o forno. Bata a margarina com o açúcar até obter um creme claro. Adicione os ovos batidos, um pouco por vez, batendo bem após cada adição. Peneire as farinhas junto com o fermento e vá adicionando-as aos poucos à massa. Misture bem até incorporar toda a farinha. Por último, adicione essência de baunilha a gosto e a água quente. Divida a massa em 2 formas para bolo redondas, levemente untadas e forradas com papel-manteiga. Asse no centro do forno já quente por 20 a 25 minutos, ou até que estejam dourados e firmes ao serem tocados com a ponta dos dedos. Desenforme os bolos sobre uma grade para esfriar.

Dica da Olga

Para decorar esse bolo, coloco uma toalha de renda sobre ele e polvilho açúcar cristal ou de confeiteiro. Quando retiro a toalha, a superfície ganha um belo efeito.

DOCES & SOBREMESAS

Modo de fazer: Descasque as peras com muito cuidado, conservando os cabinhos. Arrume-as em pé numa panela e junte a manteiga, o vinho branco e o açúcar. Cozinhe em fogo baixo, regando com o líquido da panela. Quando estiverem cozidas, mas ainda firmes, retire as peras da panela e coloque-as sobre uma peneira para escorrer. Derreta o chocolate em banho-maria. Coloque uma pêra em cada pratinho e regue com o chocolate derretido. Sirva imediatamente.

CHEESECAKE RÁPIDO COM MORANGOS

Ingredientes para 6 pessoas
- 3 colheres de sopa de margarina
- 1 xícara de chá de biscoito maria esmigalhado
- 2 colheres de sopa de açúcar

Para o recheio:
- 2 1/4 xícaras de chá de ricota amassada
- 1 xícara de chá de iogurte natural
- 3 claras
- 2 colheres de sopa de açúcar
- 1 colher de chá de essência de baunilha
- gotas de essência de amêndoa

Para decorar:
- 1 caixinha de morango maduro

PÊRA AO CHOCOLATE

Ingredientes para 4 pessoas
- 4 peras maduras, mas firmes
- 2 colheres de sopa de manteiga
- 1/2 copo de vinho branco seco
- 1 xícara de chá de açúcar
- 200 g de chocolate em barra
- cerca de 50 bombistas compradas prontas

Tempo de preparação: 30 min

DOCES & SOBREMESAS

Tempo de preparação: 1 h

Modo de fazer: Preaqueça o forno. Para a massa, derreta a margarina e misture com o biscoito esmigalhado e o açúcar. Esfarele até obter uma farofa e forre com ela uma forma, apertando bem com os dedos para recobrir o fundo e os lados. Leve ao forno para assar por cerca de 10 minutos. Reserve.

Misture todos os ingredientes do recheio numa tigela refratária e cozinhe em banho-maria por 5 minutos. Despeje o recheio sobre o fundo já assado, alise bem e leve ao forno para assar por mais 25 minutos. Tire do forno e deixe esfriar. Decore com os morangos (ou outra fruta, se preferir) e leve à geladeira para ficar bem firme. Desenforme na hora de servir.

DOCES & SOBREMESAS

Pão de Alecrim com Mozarela

Ingredientes para 1 pão
- 1 tablete de fermento biológico
- 1 colher de chá de fermento em pó
- 1 1/4 xícara de chá de farinha de trigo integral
- 1 1/2 xícara de chá de farinha de trigo
- 2 colheres de sopa de manteiga
- 1/4 de xícara de chá de água morna
- 1 xícara de chá de leite
- 1 colher de sopa de açúcar
- 1 colher de chá de sal
- 1 colher de sopa de folhas de alecrim fresco
- 150 g de mozarela cortada em cubos
- folhas de alecrim e sal grosso

Tempo de preparação: 1 h

Modo de fazer: Misture o fermento biológico e o fermento em pó com os dois tipos de farinha em uma tigela grande. Acrescente a manteiga, a água morna, o leite, o açúcar, o sal e o alecrim. Misture tudo e sove a massa até que fique lisa. Achate a massa, acrescente os cubos de mozarela e amasse mais um pouco. Passe a massa para uma tigela untada, cubra e deixe descansar num local aquecido por 1 hora e 30 minutos, ou até a massa dobrar de tamanho. Trabalhe a massa novamente e molde o pão no formato que desejar. Coloque numa forma untada, torne a cobrir e espere por mais 1 hora, ou até dobrar de volume. Preaqueça o forno. Leve o pão ao forno quente e asse por 30 minutos. Espere esfriar um pouco, desenforme e decore com folhinhas de alecrim e sal grosso.

DOCES & SOBREMESAS

PÃO DE MILHO

Ingredientes para 1 pão
- 2 ovos
- 4 colheres de sopa de manteiga
- 1 xícara de chá de iogurte natural
- 1 xícara de chá de farinha de trigo
- 1 xícara de chá de fubá
- 1 colher de sopa de fermento em pó
- 1 pitada de sal
- 1 colher de sopa de açúcar
- 2 xícaras de chá de milho verde

Tempo de preparação: 50 min

Modo de fazer: Bata os ovos, depois adicione a manteiga e o iogurte e bata bem. Numa tigela grande, misture a farinha de trigo, o fubá, o fermento, o sal e o açúcar. Acrescente a mistura de ovo e misture bem. Bata o milho verde no liquidificador ou no processador, adicione à massa e misture novamente. Preaqueça o forno. Despeje a massa numa forma para pão untada e asse no forno já quente por cerca de 25 minutos, ou até dourar. Retire do forno e espere esfriar um pouco antes de desenformar.

DOCES & SOBREMESAS

PÃEZINHOS DE LEITE

Ingredientes para 24 pãezinhos
- 2 tabletes de fermento biológico
- 2 colheres de sopa de açúcar
- 1 1/4 xícara de chá de leite morno
- 4 colheres de sopa de manteiga
- 1 ovo
- 1 colher de chá de sal
- 4 1/2 xícaras de chá de farinha de trigo
- manteiga derretida para pincelar

Tempo de preparação: 1 h mais o tempo de descanso da massa

Modo de fazer: Numa tigela, coloque o fermento, o açúcar e o leite morno. Misture e deixe dissolver o fermento por 15 minutos. Acrescente a manteiga, o ovo e o sal e misture. Vá acrescentando a farinha aos poucos, misturando bem. Sove a massa até que fique lisa. Cubra e deixe descansar até dobrar de tamanho (cerca de 1 hora e 30 minutos). Trabalhe a massa novamente e faça 72 bolinhas do mesmo tamanho. Em cada forminha untada, coloque três bolinhas, uma ao lado da outra. Cubra e deixe crescer até dobrar de tamanho (mais 1 hora e 30 minutos). Preaqueça o forno. Pincele os pãezinhos com manteiga derretida, leve ao forno e asse por cerca de 20 minutos, ou até dourar ligeiramente. Espere esfriar um pouco para desenformar.

PÃEZINHOS DE UVA PASSA

Ingredientes para 12 pãezinhos
- 1 tablete de fermento biológico
- 3 colheres de sopa de açúcar
- 3 xícaras de chá de farinha de trigo integral
- 1 xícara de chá de farinha de trigo
- 1 colher de chá de sal
- 1 colher de chá de canela em pó
- 4 colheres de sopa de manteiga
- 1 1/2 xícara de chá de uva passa sem semente
- 1 xícara de chá de leite morno
- 1 ovo
- 1 colher de sopa de geléia

Tempo de preparação: 1 h mais o tempo de descanso da massa

Modo de fazer: Numa tigelinha, coloque o fermento com o açúcar para dissolver. Numa tigela grande, peneire as farinhas, o sal e a canela. Junte a manteiga e esfarele com a ponta dos dedos até ficar homogêneo. Adicione a uva passa e o fermento. Abra um buraco no meio e coloque aí o leite morno e o ovo. Vá acrescentando água morna até que a massa fique mole (cerca de 4 colheres de sopa). Sove a massa até que fique lisa e elástica. Cubra e deixe crescer até dobrar de volume. Sove a massa novamente, divida-a em 12 partes iguais e molde os pãezinhos. Coloque-os em formas untadas, cubra e deixe crescer por mais 30 minutos. Preaqueça o forno. Com a ponta de uma faca, faça um caracol sobre cada pãozinho. Asse em forno quente por 15 a 20 minutos. Dilua a geléia em 3 colheres de sopa de água, em fogo baixo, e pincele os pãezinhos assim que retirar do forno.

ÍNDICE DAS RECEITAS

Agnoline especial   43
Arroz-de-carreteiro   45
Assado de lombo especial   51
Atum aromático   63

Bacalhau à Rossini   65
Bacalhau de forno   64
Baião-de-dois com carne-seca   36
Beijo de mulata   48
Bife de forno com ovo frito   39
Bolo de amêndoa   86
Bolo de laranja   75
Bolo de maçã e nozes   85
Bolo Vitória   87

Caldo verde   25
Canapês de frutas em calda   10
Caponata   11
Carne-seca com banana-da-terra   37
Cheesecake rápido com morangos   88
Churrasco aromático de frango   54
Chutney de manga   13
Costeleta de cordeiro ao vinho   34
Cuca de baunilha   49
Cueca virada   48
Cuscuz de frango   55

Dobradinha à moda mineira   52

Empadão de frango e palmito   56
Entrada de pinhão   42
Escalope de salmão com molho de pimentão   60
Escalopes à romana   33

Feijão-tropeiro   46

Galinha da nona   44
Gelatina de tomate   14

Lombo recheado com brócoles   53
Lulas ao molho de tinta   61

Macarrão à moda do Papa   69
Macarrão com espinafre   70
Macarrão com lula à espanhola   71
Matambre enrolado   34
Medalhões requintados   32
Musse de presunto   12
Musse de tomate seco   9

Ossobuco à milanesa   40

Pãezinhos de leite   92
Pãezinhos de uva passa   93
Pãezinhos especiais   74

ÍNDICE DAS RECEITAS

Pão de alecrim com mozarela 90
Pão de milho 91
Parafuso à siciliana 66
Patê de brie com geléia de morango e nozes 10
Patê de requeijão e nozes 8
Patê de salsicha 8
Peito de pato com fatias de maçã 57
Peixada santista de forno 62
Peixe grelhado com molho tártaro 58
Pena tricolor aos quatro queijos 67
Pêra ao chocolate 88
Picanha Bongiovanni com salada 47
Pintado no espeto 59
Pudim de maria-mole 84
Pudim de pão de Natal 79

Rigatone recheado com presunto e queijo 68
Rosbife apimentado 38
Rosca dourada 74

Salada colorida 19
Salada de lagosta com molho rosado 20
Salada francesa 20
Salada na moranga 18
Salada tropical 16
Salada Waldorf light 17

Sardela 8
Sopa de abóbora 22
Sopa de legumes à Juliana 23
Sopa pavesa 22
Sopa primavera 24
Sorvete de café 77
Sorvete de doce de abóbora 76

Terrina de atum 12
Terrina de pêssego 78
Terrina de salmão 16
Torta catalã 28
Torta coberta de carne 41
Torta colorida de vegetais 26
Torta de espinafre 29
Torta de maçã da vovó 81
Torta de pêra com pistache 83
Torta especial de limão 80
Torta mineira 27
Torta rápida de morango e abacaxi 82
Trouxinhas bicolores 14

Virado à paulista 50

Fotografias:
Alcir Vilarinho: páginas 27, 53, 65, 78 e 85.
Henrique Suzuki: páginas 55 e 80.
Marcelo de Breyne: páginas 11, 15, 26, 28, 33, 34, 40, 57, 60, 61, 63, 69, 70, 79, 82, 83, 86, 88 e 89.
Marcelo Uchoa: páginas 22b, 24, 25, 64, 66, 67, 68, 84 e 93.
Marco Antônio Sá: páginas 39, 54, 58 e 81.
Renato Soares e Luciola Zvarick: páginas 22a, 51, 52, 56 e 62.
Rômulo Fialdini: páginas 17, 20, 38, 59 e 87.
Thomas Kremer: página 29.
Capa e demais fotos: Luiz Fernando Macian

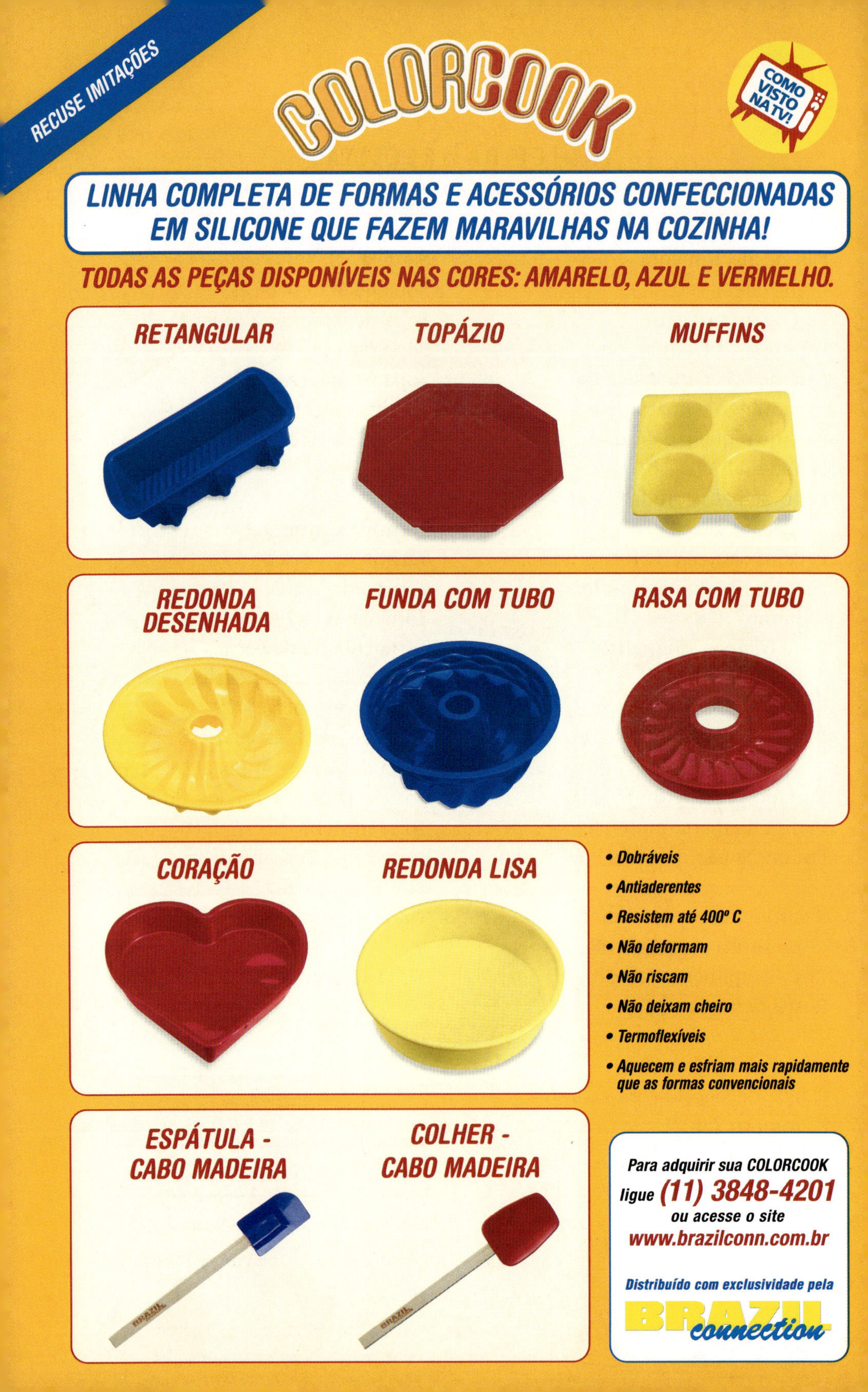

RECUSE IMITAÇÕES

COLORCOOK

COMO VISTO NA TV!

LINHA COMPLETA DE FORMAS E ACESSÓRIOS CONFECCIONADAS EM SILICONE QUE FAZEM MARAVILHAS NA COZINHA!

TODAS AS PEÇAS DISPONÍVEIS NAS CORES: AMARELO, AZUL E VERMELHO.

- **RETANGULAR**
- **TOPÁZIO**
- **MUFFINS**
- **REDONDA DESENHADA**
- **FUNDA COM TUBO**
- **RASA COM TUBO**
- **CORAÇÃO**
- **REDONDA LISA**

- Dobráveis
- Antiaderentes
- Resistem até 400º C
- Não deformam
- Não riscam
- Não deixam cheiro
- Termoflexíveis
- Aquecem e esfriam mais rapidamente que as formas convencionais

- **ESPÁTULA - CABO MADEIRA**
- **COLHER - CABO MADEIRA**

Para adquirir sua COLORCOOK ligue **(11) 3848-4201** ou acesse o site **www.brazilconn.com.br**

Distribuído com exclusividade pela

BRAZIL connection